（全新增訂版）

葉丙成的 BTS 教育新思維

為未來而教

TEACH
for the
FUTURE

葉丙成

推薦序

我終於在黑暗的谷底，看到了真正的光！

嚴長壽

「Bravo，丙成！」這是我看完丙成老師這本書之後，當下心中所升起的聲音。

雖然這是一本看起來並不厚的書，但它對於任何一位深具熱忱的執教者卻是一本直扣人心的好書！它不但說出了這幾年來我心裡所想要講的話，對於關懷台灣教育未來的問題，也給出了許多來自教學經驗第一現場直接且具體的分享。

這些年，由於我將大部分的時間都花在偏鄉教育的學習與探索，因此從我的好夥伴——誠致教育基金會方新舟董事長那

裡，早已聽聞葉丙成老師的名字與事蹟。但正式與丙成第一次面對面，還是在 2014 年 1 月 25 日那場與台大共同舉辦的台灣中小學「翻轉教室工作坊」上。雖然「翻轉教室」不算是一個新的名詞，但確定的是從 2014 年 1 月 25 日以後，葉丙成、張輝誠、鄭漢文、鍾昌宏、孫譽真、藍偉瑩、顏美雯、施信源、王政忠、林幸慧、楊貽雯……等老師，開始在台灣的每一個角落點起了翻轉教育的火種。而這一系列行動所帶來的討論、報導與激起的漣漪，可謂台灣真正翻轉教育的元年，也就從那一天開始，這幾位老師在我的心目中，成為台灣這一波由老師自發性發動翻轉教育改革的「黃埔一期英雄」！

讓我們再把焦點拉回葉丙成老師這本書。我必須說，這是我這幾年來，從貼近觀察教育問題以來所看到對於老師最切身、實用，並且充滿無限啟發的一本好書。整本書完全沒有廢話，從一開始丙成老師述說自己之所以為人師者的價值觀談起，看到父親為他所樹立的典範，再談到他自己對自己身為師者所設定的如下終極目標：

「我這輩子很自豪，我幫學生培養一輩子受用的能力！」
「我這輩子很自豪，我讓很多學生對學習都很有熱忱！」
「我這輩子很自豪，我教出在未來很有競爭力的孩子！」

他更談到，「身為老師，是少數能夠影響別人生命的工作！」哇！這真是我好久以來未曾再聽過來自第一線教學老師口中所吐出的天籟之音。

再接下來的章節，丙成老師就直接針對教學方法、創新與**翻轉**的概念，深入淺出地針對每一個問題進行反覆的交叉比對與呈現，每一個案例的描摹過程都令人拍案叫絕。他不但解決了許多老師長期面臨的問題，也讓我心裡的許多困惑得到了答案。

2002 年，我曾經出版一本書叫《御風而上》，在書中我特別提到這個世界已經沒有藩籬了。我提醒青年人：「你未來競爭的對象將不再是隔壁班的同學，而是現在在北京讀書的學生、在印度讀書的學生，也可能是在世界任何一個角落讀書的學生，也就是你已經無法自外於一個全球性競爭的環境。」在丙成老師的這本書上，也特別用哈佛大學商學院入學申請為例，哈佛要求申請者必須提供過去在 Coursera 或是 edX 這些世界一流的線上課程網站裡，到底修了多少課程？或是拿了多少合格的證書？這是過去從來沒有過的規定，因而引起了廣大的注目。然而華頓商學院（Wharton School）更是直接對全球線上學習的前五十名最佳成績的學生，提供五位兩萬美元的

獎學金。這對於國際化不足、英語教學環境不佳的台灣教學現場，無疑是一個重重的當頭棒喝！

　　台灣目前教學環境不佳，是一個普遍的事實。能夠在今日看到像葉丙成老師這樣的典範，繼續以他的身為人師的赤忱澆灌著台灣這塊土地，對於一個學歷不高、教學實務不足的我卻在台灣教改的現場到處煽風點火，實在感到非常心虛。再次感謝葉丙成老師的這一本新書，讓我終於在黑暗的谷底，看到了真正的光！

　　　　（台東均一中小學董事長、公益平台文化基金會董事長）

推薦序

用熱情跟創新讓生命更美好

——————

方新舟

　　過去 20 年，台灣的教改問題重重，孩子、家長、老師備受煎熬，更嚴重的是，台灣同時面臨高齡化跟少子化的兩道難關，競爭力急速下降，前途堪憂。尤其十二年國教上路的過程，爭議不斷，大家都在引頸盼望更好的政策，卻不知道何時才能跳脫困境。

　　2013 年 8 月，葉丙成老師在台大舉辦「翻轉教室工作坊」，他強調「以學生學習為中心」的教學方法，讓人驚豔。我們冒昧登門拜訪，並邀請他擔任誠致教育基金會的董事，共同推動翻轉教學。

　　丙成老師爽快答應，於是我們和丙成老師、嚴長壽先生的

公益平台基金會，在極短的時間內，邀請張輝誠、鄭漢文、孫譽真、鍾昌宏、呂冠緯等老師，於 2014 年 1 月在台大舉辦第一場針對中小學老師的「**翻轉教室工作坊**」。沒料到，這次工作坊引發了全國**翻轉教室**的風潮。我們接著又在台東、台中、台南、花蓮各辦一場，也邀請其他老師加入講師行列，每場分享的方法都做一些改變，需自習的功課也愈來愈多，卻仍場場爆滿。（有興趣的讀者可以掃描此行動條碼（QR Code），或上網 http://goo.gl/cYNEZT，即可看到所有的講師名單、課程跟演講。）

除了**翻轉教室**之外，丙成老師像有三頭六臂，還身兼數職：包括台大電機系副教授、台大 MOOC 計畫執行長、新創教育軟體公司 BoniO 創辦人、實驗教育計畫籌辦人、最受中小學老師歡迎的演講者之一等等。他在國際上也是出名人物，在 2014 年底還得到全球第一屆教學創新大獎「Reimagine Education」的總冠軍。

丙成老師不但很有創意，更總是把學生的未來放在心裡。舉例來說，他為了確保學生出社會後能順利發展，特地開了一門課教學生怎麼做簡報。這門課與他的通訊本業毫無關係，對升等也沒幫助，但是為了學生的未來，他全心投入。另一個例

子，做為台大電機系教授，中小學老師原本不在他的關心範圍。可是自從他開始推動翻轉教室後，他就把台灣中小學老師的翻轉教學視為己任，兩年多來，跑了 200 多所學校，深入了解中小學老師的困境，並不厭其煩的解答他們的疑問。

而這本書，即是丙成老師這兩年經過很多探索、實驗、辯證、提升的精華，對於想推廣翻轉教學的老師，非常實用。丙成老師以他清晰嚴謹的邏輯，把複雜的翻轉教學用簡單的步驟，條理分明的講清楚，讓每一位讀者可以立即從簡單易行的地方切入，提升自己翻轉的信心及成效。我非常高興看到這本書的出版。丙成老師這幾年在台大的教學發展中心協助很多新進教授。希望這本書能夠幫助中小學老師，也讓大學教授在這一波翻轉教學風潮裡不要缺席。

我也非常推崇這本書的價值理念。丙成老師從「你究竟是為了什麼才當老師的呢」問起，直指老師的核心價值。他說：「老師是這世界上最好的工作，因為我們真正有機會去影響許多人的生命，讓他們變得更好。」他用好多例子反覆論述這個核心價值，希望老師們能不忘初衷，緊守這個理念。丙成老師身體力行，用熱情跟創新讓生命更美好。

　　我很榮幸能認識丙成老師，以及許多理念相同的老師。看到他們走在一起，而且愈走愈快，讓我對台灣的未來更有信心。我們也很榮幸能請他擔任誠致教育基金會的董事，他的格局、國際視野，讓我們能用更高的定位規劃未來。

　　在這麼繁忙、高壓的工作後面，支撐他無怨無悔一路走來的是他夫人與父親葉勝年教授。我曾多次聽聞丙成老師談及父親對他的影響，每次都深受感動。這本書的出版，可以算是丙成老師對他父親最高的敬意！

　　　　　　　　　　　（財團法人誠致教育基金會董事長）

推薦序

讓台灣更進步
是你我責無旁貸的使命

楊泮池

　　培育學生成為人才，是大學對社會最重要的責任。做為國家未來棟樑匯集的學府，台大的責任顯得更為重大。所以只把學生教好還不夠，台大更應扮演火車頭的角色，帶動所有學校一起把教學做好，培育更多能奉獻社會、讓台灣更進步的人才，是我們最重要的使命。

　　基於這個使命，本校在十年前成立「教學發展中心」，致力於提升本校教學品質。更重要的是，把我們的經驗輸出給其他夥伴學校，帶動教學全面向上提升。十年來，台大投入甚多人力及資源在教學發展工作上，十年後，台大老師對教學的熱

情未曾稍減，而在教學品質上則有非常大的躍進。

　　舉例而言，在目前世界最大的線上課程平台 Coursera，最多人選修的華語磨課（MOOC）課程，幾乎都是台大製作。一所大學要做出一個好的 MOOC 不難，但要推出許多堂叫好的課，就很不容易了。因為 MOOC 的好壞，就是該所學校教學品質基本面的呈現。教學夠好，表示有夠多優秀的老師來製作。台灣大學能成為華語 MOOC 的領先品牌，正是台大教學提升的最好例證。

　　但除了製作優質課程回饋社會，台大能否做得更多？進而帶動整個國家的教學一起前進？2013 年 8 月，葉丙成教授與本校教學發展中心舉辦了台灣首次的「翻轉教室工作坊」，是一個關鍵的里程碑。來參加工作坊的老師，對教學的傳統認知被徹底翻轉。為了將翻轉的概念帶到中小學，葉教授、台大教發中心與均一教育平台合作，針對中小學老師舉辦更多工作坊，幫助更多老師了解翻轉、認同翻轉，並開始翻轉。

　　此外，為了幫助大學老師也能翻轉教學，葉教授開發了台大 e-Professor 教授精進課程。為期八週的課程，帶著不熟悉數位科技的老師們，從頭學起，直到能掌握數位工具，輕鬆上

手。培訓課程甫一推出，就有超過九十位教授報名，受歡迎的程度超乎想像！除了台大，我們也開放給夥伴學校的老師，帶動所有大學一起翻轉。

對於未來的準老師們，我們則開設全台第一門師培課程「翻轉教學與教學創新」。這個課程將開放給台大和所有其他學校的師培生。我們相信，只要能種下種子，這些未來的準老師們，將會是台灣未來教育改革重要的生力軍。

葉教授是電機系的老師，也是教學發展中心主管和台大MOOC的執行長。在這一波的教育改革浪潮中，他投入極大的心力，令人感佩。近年來，因著他創新的教學理念與做法，已改變了許多老師對教學的既定想法。欣聞葉教授將他十五年來所有教學創見寫成《為未來而教》這本書，拜讀後，個人認為這本書確實為國家未來的教育和人才的培育，指出了一條新的方向，值得大家認真思考。如何培養學生核心價值，建立其在全球化環境中所需要的能力，而不只是堆砌知識跟學歷，會是台灣能否與世界競逐並勝出的重要關鍵。讀完這本書，相信對讀者的教育思維也會是個大翻轉。

在這波有史以來最大的教育改革浪潮中，台灣大學有幸從

一開始便參與其中，和民間夥伴共同擔負起推手的角色。做為教育的火車頭，台大不能僅止於做好自己的教學本分，在未來，我們更要秉持帶動整體國家向上的使命，協助各級教育的夥伴，在教學上更加精進。

　　讓台灣更進步，是你我責無旁貸的使命。台灣大學會持續跟大家一起努力！

　　　　　　　　　　　　（本文作者為前任國立台灣大學校長）

contents

Part I
價值理念篇

Part II
人才能力篇

Part III
教學創新篇

Part IV
BTS 教學篇

Part V
BTS 翻轉篇

Part VI
營造動機篇

Part VII
教師發展篇

Part VIII
親子教養篇

新版序

追求理想教育的道路上，
我們要更努力

　　四年前，跟著許多夥伴，我們開始在台灣各地推動教學創新、**翻轉**教學。台灣有史以來最大的一波教師自主改變的浪潮，就此展開。這些年來無數的老師自主辦研習、觀課、共同備課。民間的力量甚至影響了政府，過往每年教育部舉辦的初任教師研習開始由民間來承辦，集結教育圈所有創新力量合作無間的一同努力，啟發每年全台近三千位初任教師對於教育的創新思維與教學熱情。只要持續努力十年，就有將近三分之一的體制內老師被啟發。台灣教育的改變，似乎出現了曙光？

　　我們還無法如此樂觀。

　　四年來，我各地走透透，做了近四百場演講、跟數萬名老師分享新時代的教學新思維。雖然聽眾聽了演講後的熱情讓我感動。但我也常常聽到老師們提到他們滿腔熱血的為學生做教

學創新、**翻轉**教室，結果反而被家長打 1999 投訴。老師被迫要屈辱的跟這些投訴的家長道歉。我每次聽到這種故事都覺得好心疼。這些投訴的家長對教育的認知，仍停留在自己二十年前當學生時代對教育的認知。所以他們看不懂現代老師以培養孩子能力為主的教學模式，於是他們焦慮，於是他們投訴。

不解「自主」，忽略「引導」

四年來，我們也看到有老師無法掌握**翻轉**教學的真正內涵與具體做法，以為**翻轉**教學、自主學習，就是老師完全放手，一切丟給學生自己去學。這些老師只看到了**翻轉**教學所提的「自主」，卻完全忽略了「引導」的重要；他們誤以為全然放手給學生自己學而老師不管，就能培養學生自主的能力。於是我們常看到這些老師的學生投書媒體抗議：「第一章第一組教、第二章第二組教……老師自己都不教！問也不回答，只說這就是**翻轉**教學！」**翻轉**教學正因為這些不懂**翻轉**教學內涵的老師而被汙名化，這類的「偽**翻轉**」也讓學生覺得痛苦，甚而視**翻轉**為畏途。

四年來，我發現我們的努力還不夠。透過對老師演講、辦工作坊，固然我們幫助了許多老師對教育開始有新的思維而做

出種種讓人驚豔的教學創新。但即使如此，教育現場都還是有老師對教學創新的內涵與做法產生誤解，更何況是台灣的家長、學生們？我們的努力還不夠！我們沒有幫助更多的家長、年青人、學生了解：為什麼在充滿變局的新時代，我們的教育必須有所改變？這些改變的目的是什麼？這些改變的背後內涵又是為何？做為家長、學生，我們又該怎麼看待老師們的教學新做法？

努力不夠，就要更努力。我們有必要幫助更多家長、學生了解教育不得不變的理由，了解這一波教育創新浪潮背後的脈絡。2015 年，我之所以撰寫《為未來而教》，就是希望能幫助老師、家長、學生了解新時代下的教育新思維。但一直以來，我覺得當初的版本對家長的論述還是不夠。另外對於想改變的老師、校長而言，如何能夠在校園建立文化來推動教育的改變？這極為重要，卻少有書籍著述論及。

因此新版的《為未來而教》特別增加兩萬多字的論述，希望能幫助台灣的家長、年輕人、學生，更深入的探討新時代的教育觀、教養觀該有什麼樣的改變。同時我也將任職台大教學發展中心時，我們如何在校園建立文化、推動台大教學改變的種種做法與背後的精神內涵，完整的呈現給大家。我希望透過

新版的《為未來而教》能夠幫助台灣社會更多人對於教育有更清楚的了解，對於孩子的教育能有更寬廣的格局，不用再整天為了孩子的升學而充滿焦慮、被迫汲汲營營。

以能力為本，教育的關鍵

三年前，台灣通過了「實驗教育三法」。為了讓社會對於培養以能力為本的新教育思維能更加理解，我跟熱血的教學夥伴們申請成立了一所橫跨國小、國中、高中的實驗教育機構「BTS 無界塾」，希望能落實《為未來而教》書中的價值理念。無界塾希望從 11 歲開始教這些孩子，好好的培養他們的能力；讓他們在無界塾老師的陪伴與引導下，慢慢探索出自己的才華與興趣所在。

在無界塾辦學這三年來，跟孩子們的相處、看到孩子們的表現，讓我更加堅定相信以能力為本的教育，才是幫助孩子們適應未來充滿變局的世界的真正關鍵。最後，我想跟大家分享無界塾教師夥伴們所共同討論出來的使命宣言，它也是我心目中真正理想教育所要做到的：

「我們創造一個以孩子為中心的學習環境，我們不放棄每

一個孩子，致力於啟發潛能，實現以能力為本的差異化教學。
我們預計陪伴孩子八年的時間，協助孩子發掘興趣、建立自
信、形塑價值，找到並實現自己的人生目標。希望每個孩子從
無界塾離開時，具備獨立思考、自主學習、團隊合作與積極解
決問題的能力，成為一個善良、利他且有影響力的人！」

　　希望新版更完整的《為未來而教》，能夠幫助更多的老
師、家長、年輕人對教育開始有不一樣的思考。更期待能幫助
大家，在追求理想教育的道路上，走得更加堅定而有自信！

自序

台灣教育的奇幻翻轉旅程

　　故事是從 2013 年 8 月 20 日的那場「台大**翻轉**教室工作坊」開始的。那原是場對台大及外校教職員設計的工作坊，目的是分享我在課堂上做**翻轉**教學的經驗。沒想到那場工作坊竟然有超過兩百多位的各界老師參加，遠超乎我的想像。更沒想到的是，在那後來，台灣教育竟開始有了從來沒有過的樣貌。

　　在那次的**翻轉**教室工作坊結束後，一位特別的訪客來找我，就是誠致教育基金會及均一教育平台的創辦人方新舟先生。方大哥是誠致科技的創辦人。在創業成功後，六十歲時決定要**轉換**跑道，為台灣做有意義的事情。方大哥特別關注的，就是偏鄉教育。

　　在高科技業打滾大半輩子的方大哥，深刻的體認到人才對台灣未來的重要。而少子化的台灣，任何一個孩子在未來，都

是最珍貴的資源。光靠都會區的孩子，是不足以滿足未來整個台灣發展的需求。因此大家不能再漠視城鄉教育的差距，必須想辦法改變現狀。而在偏鄉師資缺乏的情況下要把孩子的教育帶上來，方大哥認為翻轉教室是唯一的良方。這也是為什麼他決定創立非營利的均一教育平台，錄製了中小學數以千計的教學影片，無怨無悔的努力推動台灣的翻轉教育。

方大哥來找我，一是邀請我加入誠致教育基金會擔任董事，為台灣的翻轉教育出一份力。另一個目的則是希望能像前面那場工作坊一樣，跟台大一起規劃合辦針對台灣中小學老師的翻轉教室工作坊。方大哥對於台灣的付出，深深的感動了我。我深刻的了解這兩件事情對台灣教育的重要性，所以我都答應了。我們開始規劃並在 2014 年 1 月 25 日於台大舉辦了第一場針對台灣中小學老師的大型翻轉教室工作坊。那次的工作坊有八百多位老師報名，受限於場地，我們只能讓兩百五十位老師參加。其中有好幾位是從金門、馬祖、綠島等地，一大早飛來台北參加。台灣老師們的熱情，是我事前無法想像的。

以這次的北區研習成功做開端，後來均一繼續在台灣的東區、中區、南區以及其他偏鄉地區，舉辦「翻轉教室工作坊」。我因此認識了台灣好多對教育充滿熱血的神人老師們。

大家也因此成為推動台灣教育翻轉的好夥伴，在台灣到處奔走演講推廣。這兩年下來，為了推廣翻轉，我在全台灣做過的演講超過兩百多場。曾經有段時間，因為到處演講，常常午餐、晚餐都是在高鐵上吃便當解決。

逆襲——從根源到開始，從下而上

為什麼一個大學老師，會對中小學的翻轉這麼的投入？主要是因為我教書教了十五年，在台灣教書的這十年，我深刻的感受到台灣的大學生的許多問題，其實是源自於過度重視升學的中小學教育。比如說：學生不擅發言討論、學生無法適應沒有標準答案的問題等。不管大學端再怎麼努力去改變，也無法完全修補中小學教育所造成的問題。而且，面對高度全球化競爭、變化速度極快的世界，我們目前的教育是不足以應付的，我們不改變不行。因此，我覺得要改變台灣的教育，還是得從幫助中小學老師改變來著手。這樣才有機會造成台灣教育的整體性改變。

但是要推動台灣中小學教育的改變，何其困難？過去二十幾年來，做過這樣嘗試的人不知凡幾，但有誰真正成功過？這次如果真的要推動改變，我們一定要用不同的模式去推動，才

有機會成功。到底該怎麼做呢？

　　如果我們仔細觀察台灣過去對於教育的變革，幾乎都是主管機關透過從上到下（top-down）的方式，強力推行各種新的教學制度或方法。而為了確保短期內有成，也為了考核老師們是否真的有認真推廣，主管機關常用各種表格要求學校、老師填寫數據做管考之用。這樣的模式，每隔幾年就在台灣不斷的出現。老師們對於這種模式，其實非常反感。一是老師被強迫，二是老師的時間全都浪費在填表上。曾有校長算過，光是為了教育部統合視導，學校一年就要填兩百多頁的表格。真正對教育有熱血的老師都非常痛苦，因為他們不想把生命浪費在填表格上。他們真正想做的，是把時間花在教好他們的學生！

　　教育要改變，就要靠老師。要改變一個老師，靠的是感動，而不是靠壓迫。壓迫，頂多只能得到表面的服從，沒辦法讓人改變他的心。要做好老師這個工作，是需要用「心」來帶孩子的。如果不能真正改變老師的內心，讓他對這個工作引以為榮、為傲、為樂，我們如何能指望這老師會真正好好用心教我們的孩子呢？

　　常有人說，要用正面鼓勵取代責備，才能教出真正的好孩

子。但是，為什麼知道教孩子要用正面鼓勵的做法，卻對老師們都是以強迫、責難的方式來面對？君不見媒體、社會常常都是拿幾個有問題的教師案例，說成像是普遍的現象，再來責難、打擊老師。恕我直言，這樣的做法是不可能讓台灣的教育有所改變。

台灣的教育現在需要的是幫助願意改變的老師一起改變、一起向上提升，需要的不再是去鬥爭老師、鬥垮老師。就算鬥爭鬥贏，老師被鬥垮了，那又如何？台灣教育會進步嗎？

因此這次在推廣翻轉教育的時候，我們決定要走出一條跟過去完全不同的路！我們要用由下而上（bottom-up）的方式，透過感動老師、透過與老師共鳴、透過經營教師社群，讓老師們發自內心的真正想做改變。數據人人會寫，但教室是否真的有改變呢？只有老師是真心想要改變，他的教室才會真的開始出現不同的風貌！

於是跟著這群可愛的翻轉教師夥伴們一起，大家開始在台灣到處點火。台灣教育最大的問題之一，就是老師們不敢跟別人分享自己的好教學。老師們總怕自己被同事、長官貼上「高調」的標籤。即使自己投入很多的心力做教學創新，卻總是不

敢站出來講給大家聽。往往許多身懷絕技的老師，一身功夫就隨著他們退休而失傳，非常可惜。隨著夥伴們在全台灣不斷的點火，一場又一場感動人心的演講、工作坊、共備研習在各地不斷上演。兩年下來，我發現台灣的老師變了！大家變得敢把自己的好教學拿出來分享！大家不再怕被人說「高調」！

改變──赴全台「放火」，熱血分享

光是這點風氣的改變，就難能可貴。一個社會，只要老師們願意不斷的出來分享他們的好教學，老師們的教學就會一直進步。這是一個停不下來的趨勢。不用人逼、不用填表，台灣就有許多老師努力的改進自己的教學。在 2014 年的教師節，我們在台中明德中學辦的翻轉教學演講，有 2,236 名老師自願的從全台在假日參加。這個破紀錄的研習人數，深深震撼了我們。台灣有很多老師，不用人家逼，是真的很想把學生教好啊！台灣的社會、台灣的主管機關，大家有看到這股趨勢嗎？

當整個社會、主管機關，都還在為國教入學方式紛紛擾擾時，台灣許多老師早就超越你們了！當大家焦點全放在一個不管怎麼改都不可能讓各方都滿意的入學制度時，這些老師們念茲在茲的，卻是到底該怎麼樣才能把學生教好。這才是教育最

．

根本的問題，不是嗎？一個社會，不去關心孩子是怎麼被教的，只在乎志願怎麼填。這實在是一個本末倒置的荒謬現象。所幸，台灣仍有很多很棒的老師，在各自的崗位上努力，幫助更多的教師夥伴進步。這是台灣教育未來的希望。

　　很高興這幾年下來，在全台灣不斷放火之後，台灣有愈來愈多老師出來分享。在這時候，我開始思考我下階段該做什麼？有什麼事情是只有我可以做到的？在仔細思考後，我發現台灣的老師們需要更深刻的論述、更實際的案例，來幫助他們改變自己的教學。過去的演講，即使我常常都講三個半小時，但在翻轉的操作上，還是沒辦法講得更細緻。往往老師聽完熱血沸騰，回到學校要實際操作時，卻又不知道從何做起。更甚者，有些點因為沒機會深入論述，老師用自己的想像去做。結果不如預期，也澆熄了老師的熱血。

　　因此，我決定要寫一本書，把這十五年來我做教學創新的思維方法，以及我在翻轉教學所發展出來的教學技術，和我對未來人才養成教育的思考，做非常深刻而完整的剖析與論述。我希望以這本書，幫助想把學生教好的老師、想把孩子教好的爸媽、以及想學好的學生，讓大家對於教育開始有不一樣的思考。甚至，開始成為對教育有品味的人。

　　十五年的心血，盡在此書中。在書中，我們先探討做為一個教育者，我們該怎麼樣讓我們的生命有價值？接著，我們探討在這個競爭激烈的全球化世界，我們到底該培養出什麼樣的人才？之後，我們探討教學創新，該有什麼樣的思維與方法。然後就開始探究我所開發的「BTS 教學法[1]」，該如何把「For the student! By the student! Of the student!」的精神落實於教學中。

　　另外由於目前全球在談**翻轉**教室，往往只談原則，卻少有探討出詳細的操作方法。因此在書中，我們為想做**翻轉**教室的老師跟家長們，介紹我所開發出來的 BTS **翻轉**教室操作法。我的這種**翻轉**教室操作法，可以做到學生從此不用寫作業、老師從此不用改作業，卻又能讓學生學得更扎實有成。說得好像是在做直銷廣告，但這絕對是可以做到的！

　　在書的最後，我們把焦點拉回怎麼幫學生營造學習的動機。這是我認為一個老師最重要、也是一輩子的功課，所以用此篇做為書的結束是最適合不過的。希望老師看完後，能夠開

1　BTS，乃作者新創的教學法，全名為 For the student! By the student! Of the student! 更多關於 BTS 資訊，詳見本書第 18 章〈For the student! By the student! Of the student!〉（頁 160 ～ 164）。

始思考如何為自己班上的學生，營造出學習的動機。而不再只是跟學生說：「為什麼要學這個？ Mmm…因為這個很重要，你以後就會知道喔！啾咪！」

　　謹以此書，獻給所有熱血的台灣老師；獻給過去栽培過我的師長；獻給讓我想當老師的老爸；更要獻給為了我改變台灣教育的夢想而辛勞承擔的太太與老媽。

　　最後送給大家我很喜歡的一句話：

「A good teacher is like a candle – it consumes itself to light the way for others.」[2]

　　讓我們一起加油，一起讓台灣的教育發光發熱！

丙紳[3]

4/6/2015 台北

部落格：pcyeh.blog.ntu.edu.tw

個人臉書專頁：facebook.com/prof.yeh

2　譯文：好老師就像蠟燭，燃燒自己，照亮別人。

3　丙紳乃作者別號。

Part I
價值理念篇

這世間有這麼多的工作，
我們何其有幸能做這個有機會影響這麼多人生命的工作？
這真的是很不容易的福分。
所以我真心覺得，能夠當人家的老師，
真的是 the most wonderful job in the world ！

01
你，是為了什麼做這工作？

_____

緣由不對，看的盡是苦；緣由對了，苦也就不苦了。
我們每個人都應當時時反思，究竟是為了什麼，
我們才繼續做我們的工作呢？

　　每個人對於人生志業的選擇，都有其脈絡。我為什麼把老師這個工作當做我的志業？我想這就從我父親開始說起了。

　　我的父親，葉勝年教授，是早年留美後回台的少數人之一（1973 年，於台灣退出聯合國後兩年返台）。他在李國鼎擔任政務委員時期跟現任聯電董事長曹興誠、聯發科董事長蔡明介、台積電副董事長曾繁城，以及前工研院院長史欽泰等人被派去美國學半導體技術取經回國，投入建立台灣第一座積體電路工廠。後來，他到了台灣工業技術學院（台科大前身）當教授。我從小就在台科大後面、公館國小旁邊的教授宿舍長大。

　　我父親對學生非常嚴厲，學生看到他都很敬畏。可是他也對學生很用心，常常把學生抓回我家，在餐桌旁督促著學生改論文。有學生父母早逝的，我父親過年時會找那學生來家裡圍爐，讓他感受家庭的溫暖。當時我只覺得有陌生人來我家，實在有夠討厭的！

　　長大了點，我發現常常有我爸的學生畢業後來找他。別人是結婚時送喜帖給老師就很不錯了，他的學生則是帶著女朋友來我家跟老師報告說：「老師，我要跟她結婚了！」（我心想那個女生心裡一定超尷尬，來見一個陌生的老師。）別人是小孩滿月時送油飯給老師就很不錯了，他的學生則是抱著小 baby 來給老師看說：「老師，我家猴囡仔滿月了！」這些情景，我從小看到大，對教師這個工作的憧憬，也因此與日俱增。

　　想想看，做為一個老師，我們全心的去幫助學生，讓他們的生命因為我們而有所改變，讓他們的人生也能因為我們而走得更成功、更圓滿。他們在日後的人生，每當有成功、有快樂的時候，就會很想把他們人生中的喜悅回過來與我們分享。這世間還有什麼比這更美好、更窩心的工作呢？

有機會影響許多人的生命

　　教師是這世上最好的工作。不是因為它是鐵飯碗，不是因為它有寒暑假，更不是它有退休俸，而是因為我們真正有機會去影響許多人的生命，讓他們變得更好。能夠去幫助別人的生命提升、進步，這世上沒有別的工作比這更珍貴了！這也是為什麼我從小就對老師這個工作有著憧憬。

　　我自己的教書生涯，也跟別人不大一樣。我於 2000 年到美國密西根大學安納堡分校念博士，在 2001 年當上助教。密大的助教很多都是要上討論課，很多都是老師給助教一些講義或是作業題目，讓助教去講解。這是我教書生涯的開端。我當了助教之後，老師也沒有規劃要我講什麼，他叫我隨意。為了做好這個工作，我開始跟課。這一跟就跟了四學期。同樣的課，四個學期，156 堂課，我沒缺過一次。在每學期的跟課，我去觀察老師這學期教得快還是教得慢，哪裡教得清楚哪裡比較不清楚。我會在我的討論課去幫他補充。

　　在密大的規定，並沒有要求助教跟課。

　　一般的助教都是跟老師要講義、要材料、要題目讓他去講

解。我從來沒跟老師開口要東西。我自己從頭設計一套講義，那講義有系統的介紹我自己對於那門課所悟出來的種種祕技，對於學生理解跟解題非常有幫助。這套講義恰恰跟老師那滿滿都是證明的講義，形成完美的互補。學生對於我的講義趨之若鶩，我的課大家都不敢缺課，深怕拿不到我的講義，聽不到我的講解。

密大的規定，並沒有要求助教要自己發展一套講義。

有一年在我跟指導教授 meeting 時，得知他下週要出差去開會。我問他那他教的機率課怎麼辦？他說只好停課，以後有機會再補。我當下跟他爭取，請老師務必給我這個機會，一整個星期的課都交給我，我來幫忙教。老師看到我這麼積極，就決定讓我教。這是我第一次站在課堂上講授正式的課程。我花了許多心力去準備，第一堂課學生完全沒有反應，超冷。我心裡超難過。朋友安慰我說外國人來當助教，教得不好是應該的。可我真的很不甘心！第二堂、第三堂加倍努力準備，終於得到學生很棒的回應。我也因此得到了獨立教授一門課的自信！

密大的規定，並沒有要求助教要幫缺席的老師補課。

2003 年，我當助教的那門課，原先預定教課的老師沒辦法教了。系上找上我，問我能否幫系上教這個課。我連想都沒想，就說沒問題，交給我吧。那一整個學期，我真的是快累趴了。系上付給我的是助教的薪水，可是我做的是一個教授的工作。但我做得很開心，因為英雄缺的是舞台，不是薪水。多虧我之前當助教時自己撰寫講義、開發教材，所以我教這門課的時候，有充分的能力可以備課，教得很扎實。學生給我非常高的評價。自此之後，到 2005 年畢業為止，我都是系上的講師，又幫他們開授另外一門課。這些課後來也都成為我回台大電機之後開課的重要素材。

密大的規定，並沒有要求助教要幫系上當講師授課。

在那四年的時間中，我做的事情，遠遠超過學校對我們助教所預期的。可是我在那四年，過得非常快樂。我每學期最期待的就是學期末，要打開系上給我們的教學評鑑的那個時候。每次打開教學評鑑，看到許多學生寫著：「Benson[4], you are the man!」、「Benson, thank you so much. If it were not you, I

4　Benson 為作者英文名字，譯文：「你真厲害！」「太謝謝你了，要不是你，我早就……」

would……」能夠確切的感受到我自己的努力讓好多學生學得更好，學得更懂，那種快樂，直到現在，都是我沒辦法戒除的上癮症。

2005 年，我回到台大電機系教書，又是我教書生涯另一個階段的開始。台大電機系的學生，堪稱是台灣最優秀的一群學生。對著這一群這麼優秀、聰明的學生，做為老師，其實壓力很大。我對於這麼優秀的學生，他們會不會願意聽我的話？會不會對我服氣聽我教？我一點把握也沒有。

人生的引導跟啟發

既然沒有把握，只好更全心全力的投入。在教學創新、學生輔導、專題研究，我都投入很多心力在這群大學生上。特別是我看到這群很會念書的學生，他們從小到大，其實最缺的是師長對他們人生的引導跟啟發。因此，我期許自己不能只是當他們的「經師」，還要當他們的「人師」。我時時刻刻都在找機會，在課業之外，也跟他們分享許多我人生的經驗。希望能讓他們對人生的價值和選擇，有不一樣的思考。

在大學，由於課業的進度壓力很重。老師們為了把進度教

完，其實已經很辛苦了。對於自己在課業以外希望給學生更多的人生引導，其實我一直不知道到底有沒有效。直到 2011 年 6 月畢業典禮的那天……

近年來，台大的慣例是每個系舉辦自己的畢業典禮。那年的畢業典禮，一開始是李嗣涔校長致詞。李校長個性非常阿莎力，所以很快致詞完畢。接著致詞的貴賓是我們的傑出系友，曾任暨南大學校長的李家同教授，他語重心長的跟畢業生說了許多。接下來就是院長致詞、主任致詞……等到大家都講完了以後，終於輪到系上的畢業生代表致詞。

你的話，我們會記住

那一年的畢業生代表是陳柏亘同學。我以前教過柏亘，所以在他致詞的時候，我就很專注聆聽。柏亘講得非常精采，不時引起台下同學們的共鳴。柏亘講到一半的時候，突然說到：「就像葉丙成老師教我們的，我們……」當時，我完全沒有心理準備，萬萬沒想到他會在致詞時提到我教他們的點點滴滴。

當時很多人看著我，在那個當下，我整個人像被電到，全身的雞皮疙瘩從尾椎一直蔓延到後背、整個頭皮都發麻。這樣

的經驗，我這輩子只有兩次。一次就是這回畢業典禮，另一次是在 2003 年，我在產房看著我太太辛苦生了好久，終於把我們家小葉擠出來的那一剎那。看到剛出世、哇哇大哭的小葉，初為人父的我，當時也是整個後背到頭皮都被電到發麻。幾年後太太在台大醫院生小小葉，結果進產房十五分鐘，小小葉就來報到了，那時我就沒有太強烈的感覺，雞皮疙瘩還沒到後背，約莫就只有到尾椎左右的程度而已。

所以一聽到柏亘致詞提到我教他們的時候，我好激動。那時候，李家同校長有事要先離開，當時電機學院的副院長也是現任的台大副校長陳良基老師，先送李校長離開。陳副校長經過我身邊時，拍了拍我的肩膀，用台語跟我講說：「啊，真的值得了！」

真的是值得了！想想看，當老師對學生用心，然後學生在畢業前離開學校的那一剎那，用這樣的形式讓我們知道：「啊，老師，你跟我們講的我們都記得。我們出去會記住你的話，好好的努力！」看到這樣的場景，當老師的，會覺得過去辛辛苦苦花的所有心力，全都值得了！這也是為什麼雖然業界薪水比教授薪水高好幾倍，甚至學生跟我念兩年碩士後去業界收入就是我的兩倍，我們許多老師還是願意留在學校好好打

拚。因為圖的就是這種感動啊！一個老師看到學生成長的感動，是千金難買的！

　　能夠當老師真的是這世界上最美好的工作。各位想想看這個世界上有這麼多工作，能夠很深刻影響別人生命的工作有兩個，一個是醫生，另一個就是老師。醫生對別人生命的影響，是減少病人個人的苦痛。但做為老師，對別人生命的影響，是我們留在學生心中的價值理念。

　　當老師把一些很重要的價值傳遞給每年班上的幾十位學生，而這幾十位學生，將來或許成為人家的主管、或許成為人家的老師、又或許成為人家的爸媽。他們把這些重要價值，一棒接一棒的傳遞出去給他們的部屬、學生、孩子。想想看，我們當老師在教室裡所說的每一句話，居然都有機會影響到這麼多人的生命！這真的是功德無量的工作。

　　在這世間有這麼多的工作，我們何其有幸能做這個有機會影響這麼多人生命的工作？這真的是很不容易的福分。所以我真心覺得，能夠當人家的老師，真的是 the most wonderful job in the world ！

這是我想當老師的緣由，你又是為何想當老師呢？是為了鐵飯碗、退休俸，還是為了提升別人的生命？若是前者，你就會像蹲苦牢，每天數著日子苦熬。這種日子會快樂嗎？如果是後者，你每天看在眼裡的，都是孩子因為你而成長的點點滴滴，自然每天都會很快樂。

緣由不對，看的盡是苦；緣由對了，苦也就不苦了。

我們每個人都應當時時反思，究竟是為了什麼，我們才繼續做我們的工作呢？只要想通了，自己的人生，就會開始往好的方向開展！

你究竟是為了什麼才當老師的呢？

02
一群對未來沒想像的孩子

———————

讓小朋友看到更多外面的世界，
對未來能有更多的想像跟夢想，
進而有機會開拓出一條完全不一樣的人生道路。

當老師去提升別人的生命，真的是世上最有福報的工作。
既然我們有這個福分當人家的老師，能影響人家的生命，就有
義務去思考：究竟做為一個老師，我們的價值是什麼？

2014 年，我應邀參加一個教育論壇。除了我之外，主辦
單位還邀請了其他三位講者一起分享。在四位講者中，有一位
年輕的女老師，我從來沒見過。在她上台分享時，我才知道這
位詹老師是偏鄉國中的老師。她大學畢業後去出版社工作，幾
年之後決定辭職去桃園山區的國中，教原住民的小朋友們。

　　演講中，她分享在偏鄉看到的情況，我們聽了以後才發現過去對偏鄉的了解不夠正確。過往覺得偏鄉教育最大的問題是很缺資源，但這幾年在政府和企業的捐助下，資源短缺的問題其實已經慢慢獲得改善。她認為最大的問題，是偏鄉部落小朋友的爸爸、媽媽、叔叔、伯伯、阿姨們，他們大多打零工維生。小朋友舉目所及的大人都在打零工，自然而然會覺得所有的大人都應該是這樣子、那就是他們長大後該走的路。念書對打零工好像也沒有幫助，那還有什麼好念的？甚至還有學生跟老師說：「老師，我畢業後就兩條路，打零工或是加入幫派，妳覺得哪一條路比較好？」

把世界帶進來，看到不一樣的人生

　　所以詹老師認為偏鄉教育最大的問題是環境太封閉，小朋友看不到外面的世界，也因此他們對未來的人生完全沒有想像、完全沒有夢想。他們的想法就是跟他們的爸媽一樣，未來就是繼續複製著爸媽的人生。為此，詹老師非常努力，她從台北邀請許多人到偏鄉跟孩子們分享。他們是做什麼樣的工作？這個工作的意義在哪裡？如果想要從事這個行業，該如何準備才會有機會？詹老師希望透過這樣的努力，可以讓小朋友看到更多外面的世界，對未來能有更多的想像跟夢想，進而有機會

開拓出一條完全不一樣的人生道路。

　　那天的論壇，聽了詹老師的分享，我非常的感動。但回家以後，我又想了更多。我在想，偏鄉的小朋友對未來沒有想像，對未來沒有夢想，是受限於環境的封閉。那都會區的小朋友呢？難道都會區的孩子就對未來比較有想像、比較有夢想？我發現，沒有啊！大部分都會區的孩子們，對未來也是毫無想像、毫無夢想的。

　　我回想自己十幾歲的時候，我的夢想是什麼？我那時候只有一個想法，就是要顧好成績，以後才能考上建中。我發現我那時候對未來根本沒有想像！根本沒有夢想！

　　不只我這樣，許多大人也都這樣。在過了二十年之後，我們有許多人當了老師，我們的學生有比我們對未來更有想像、更有夢想嗎？很多人還是沒有啊！偏鄉孩子對未來沒有想像是因為環境的封閉讓他們看不到外面的世界。那都會區的孩子呢？他們的環境並沒有很封閉，但為什麼對未來也沒有想像呢？

　　問題出在哪裡？很多時候出在家長跟老師。因為很多家長

跟老師，都只在乎孩子的成績、孩子能否有好學歷。夢想先丟到一邊再說。然而，做為一名老師，盯住學生的成績讓他考上好學校，真的就是老師的核心價值嗎？

我不覺得那是老師的核心價值。

老師的核心價值到底是什麼？我常常在反思這個事情。我們教的學生，有沒有因為我這個老師，讓他的思考更加全面？有沒有因為我這個老師，讓他的素養更加深厚？有沒有因為我這個老師，讓他的處事更有智慧？這些事情都很重要，都是孩子未來人生能不能成功的重要關鍵。那要靠誰幫他們培養這些一輩子有用的能力？不就是老師嗎？

如果我們當老師的，不能讓我們的學生思考更全面，素養更深厚，處事更睿智的話，那誰來幫他們建立這些能力？誰來讓他們有能力面對未來人生的挑戰？如果這些事情，我們都幫不上忙，那我們這些老師有何用？

建立一輩子受用的能力

以前我們當學生可能在這些事情上較少被啟發，但既然我

們現在當人家的老師，就應該要把握這個機會，盡力去改變。讓學生因為我們的教導而更成熟、更有素養、更有智慧，幫助他們建立一輩子受用的能力，這就是我們老師的天職啊！

在我的老師生涯中，我父親的退休，對我影響深遠。父親是 1973 年在美國完成學業，取得博士學位。那時正逢台灣退出聯合國，風雨飄搖，所以很多人完成學業後就留在美國，不敢或不能回台灣。但我父親覺得學成就該歸國貢獻，所以毅然的回台加入工研院。之後李國鼎送了一批青年才俊到美國 RCA 學半導體技術，我父親就是第一批人，這一批人後來大多成為電子業大亨。我父親因為是農家子弟，一路苦過來，所以非常照顧部屬。他常為了下屬去跟長官爭取權利，後來一氣之下就離開工研院，去台科大當老師。

在台科大教了三十幾年，我父親在幾年前正式退休。在他退休的時候，他歷年的學生們特別為他辦了一場退休餐會。我印象非常深刻，餐會有二、三十桌，他三十年來教過的學生們幾乎都出席了。餐會前台備有麥克風，吃飯時，就看著每一位學生，一一上台述說老師對他們的點點滴滴，以及他們因為老師而在日後的人生有了什麼樣的成功境遇。我一邊聽著，一邊看著我父親，不禁紅了眼眶。他們一棒接一棒，講了三個多小

時，非常的溫馨感人。

　　講完後，這些師兄們要求我也要上台講。其實，我跟我父親是那種很老派的父子關係。什麼意思呢？就是我們彼此在別人面前，老爸很少說兒子好，兒子也很少說爸爸好，平常都是靠老媽傳話的。所以當師兄們推我上去，要我當著那麼多人面前去講我爸多好多好，我……我實在講不出口啊！可是沒辦法，形勢比人強。兩、三百位師兄們，一直拱，一直跟我說：「你老爸退休就這一次啊！快上去啊！」群眾的壓力實在太可怕了，不上去講實在不行，我只好硬著頭皮上台了。

天底下最富有的人

　　上台之後，我很真誠的把我內心滿滿的感動，跟大家分享。我說：「雖然這些年來，老媽有時候還是會感嘆當初如果老爸沒離開工研院的話，我們家可能會很富有。但是，今天這個晚會，讓我很深刻的感受到，其實我父親才是天底下最富有的人。因為他擁有你們這些學生對他的愛、景仰跟感激，這是再多的錢都買不到的東西！」講完後，老爸跟他們的學生們，都很感動。這算是我送給老爸的退休禮物吧！

　　老爸的退休餐會，讓我對於老師的真正價值，有了很深刻的啟發。那次之後，我常常想像二十幾年後我退休時的光景。我常自問，當我辛辛苦苦教了二、三十年後退休的那一天，如果有這麼樣的一個餐會，我到底有沒有辦法在台上，很大聲的對所有人說：

　　「我這輩子很自豪，我幫學生培養一輩子受用的能力！」
　　「我這輩子很自豪，我讓很多學生對學習都很有熱忱！」
　　「我這輩子很自豪，我教出在未來很有競爭力的孩子！」

　　我希望我在退休的那一天，可以很大聲的對所有人講出這三句話，因為這樣才表示我的教書人生是有價值的，這三十年來的努力也才有意義。如果退休的那一天，這三句話我沒有一句能大聲講出來，那這二、三十年的人生，我到底在幹什麼？我的人生還有什麼價值可言？

　　幫孩子建立一輩子的能力，讓孩子對學習有熱忱，讓孩子對未來有競爭力，讓他們對未來有想像、有夢想，那就是我們做為老師最該做的事情。唯有如此，你我才對得起自己的人生，也才不枉我們來世上走這一遭！這樣的人生也才有意義、有價值。

　　衷心的希望，以後讓孩子對未來沒有夢想、沒有想像的，
不會再是我們這些大人！

03
走出自己的路，別被人綁住！

————————

真正在這世界上，
有資格論斷我們這輩子的工作是成功或失敗的，
只有一個人，就是老師自己啊！

　　某一次的大型**翻轉**教學研習營，在我講完 BTS **翻轉**教室的操作方法後，問答時間有位老師當眾問我：

　　「葉老師，你這**翻轉**教學的方法很棒。請問如果我採用這種教學法，而我班上成績變得比其他老師班差的話，我該怎麼辦？」

　　我聽到這個問題，頓時愣住了，一時間還真不知道該怎麼回答。我思索半晌後，跟這位老師有了後續的這些對話：

丙紳：「請問這位老師你是正式教師還是流浪教師？」

某師：「我是正式教師！」

丙紳：「喔～那請問在你們那個縣市，正式教師如果班上成績比別的老師差的話，會不會被 fire 掉？」

某師：「不會欸！」

丙紳：「那 So？ Why bother then?」（雙手張開聳肩、一副痞子欠打貌）

某師：「……」

丙紳：「老師，請容我給你一個比較極端的例子。如果你們學校有個老師，他班上的成績比其他班都差，是整個年級最後一名的班。但這個老師帶的班很有向心力，同學感情非常好。他們做事情都很積極、很俐落，而且辦活動都非常成功，待人接物處世也都非常有禮貌、非常成熟。請問老師，你覺得這個老師是不是一位失敗的老師？」

某師：「Mmm⋯⋯也不能這麼說⋯⋯」

丙紳：「說得對！老師你這句『也不能這麼說』，就表示一個老師的成功沒有絕對的標準！」

老師的成功與失敗，誰可論定？

我不禁要問，一個老師的成功，究竟該由誰來論定？是同事？是學生？是家長？是校長？是主任？是教育局主管？還是教育部主管？在這世界上，究竟是誰，才能論定我們的工作是成功還是失敗？

答案其實不是同事，也不是學生，也不是家長，也不是校長，也不是主任，更不是教育局、教育部的主管們。真正在這世界上，有資格論斷我們這輩子的工作是成功或失敗的，只有一個人，就是老師自己啊！

老師怎麼論斷自己的成功跟失敗？就是要先看自己對教學有沒有一個中心的思想理念跟價值。簡單的說，就是在我們自己的腦海裡，到底有沒有一個我們自己最想要教出來的學生模樣？當我們腦海裡有了這樣的想法：「喔！我就是要教出這樣

子的學生！」你才有辦法衡量自己的教學是成功或失敗。

　　怎麼做？很簡單！就是在每學期、每年的教學告一段落後，把自己這次教出來的學生跟自己腦海中想要教出來的那種學生模樣去做比較，並問自己：

　　「我今年教出來的學生，有沒有我想教出來的樣子？」

　　如果有！恭喜！這表示今年老師教得滿成功的！

　　如果沒有，那就表示今年教得不是很成功，我們要再思考究竟該怎麼修改，才能讓學生往我們想要的那個方向前進，要怎麼樣才能讓學生更有我們想要的模樣？

　　當每位老師都有自己對於教學的中心價值跟理念，生命才會有一個主軸、才知道要往那個方向去一步一腳印的前進。但是我覺得很可惜的是，很多老師，並沒有走出自己的路來。很多老師就是因為缺乏中心價值跟理念，沒有一個自己心中真正很想要教出來的學生模樣，所以無從去論斷自己是成功或是失敗，以致於最後只能靠著有形的、能跟別人比較的那些成績數字來定義自己的成功或失敗。一輩子就在別人定義的遊戲規則

下，載浮載沉，非常悲哀。

就算老師真的對拚成績很有一套，在教書的這三十年間，每一年班上成績都是全年級第一名。請問在退休的那一天，就真能很自豪的大聲講出我們上一篇所說的那幾句話嗎？

「我這輩子很自豪，我幫學生培養一輩子受用的能力！」
「我這輩子很自豪，我讓很多學生對學習都很有熱忱！」
「我這輩子很自豪，我教出在未來很有競爭力的孩子！」

刻畫出自己想教出來學生的模樣

如果沒有辦法講出這三句話的老師，即使教書三十年都能帶出全年級第一名，你的生命真的很有價值嗎？

這真的是你要的人生嗎？
為什麼要把自己的人生交由別人來論斷？
難道那些數字就足以呈現你對班上孩子的種種付出嗎？
為什麼要讓自己陷入這種永無止境、跟人比較的無間地獄？

　　老師，可以有更寬廣的人生。只要我們有自己的中心價值與理念，能在心目中刻畫出自己想教出來學生的模樣；只要我們的教育理念能真正幫助孩子學得好、真正幫助孩子成長，憑什麼有人可以因為成績來對我們頤指氣使、指指點點？沒有人可以！

　　只有當你開始形塑出自己的中心價值理念，而且很堅定的去努力實踐，你才能真正活得自由。因為你很清楚自己要走的方向，並且非常清楚的覺知，在這條路上你自己目前是成功還是有待努力。你根本完全不需要再跟別人比較，你可以從此解脫，跳脫那個永無止境、跟人比較的無間地獄。這樣的人生多麼自由！這樣的人生多麼快樂！

　　當你有了自己的中心價值、有了自己的理念，你才會覺得老師這個工作是有趣的，因為你會看到自己的生命，開始往一個主軸方向前進；你才會覺得自己有著一個持續成長進步的人生，不會再不清楚自己每天到底在忙什麼、到底成就了什麼。這個工作對你才會產生真正的意義，而不再只是一個餬口的工作。

　　所以我真心的盼望，每一位老師都能找到自己的路，不要

被別人綁住。我們都要好好去想，在未來退休前所剩下的教書生涯，你想要教出什麼樣的學生？你的中心價值、你的理念又是什麼？

　　祝福每一位老師，都能勇敢走出自己的路，不被別人綁住！

04
如何成為無可取代的老師？

有沒有什麼事情是只有你可以對你的學生做的，
而那個網路的 MOOC 影片或是補習班老師
沒辦法對你的學生做的？

　　2012 年起，MOOC（Massive Online Open Course，磨課）的出現，對全世界的教育都造成了很大的衝擊。相較於十多年前源自麻省理工學院（MIT）的 OCW（Open Courseware）開放式課程，MOOC 這種新一代的開放式課程有革命性的進步：上課影片皆分成十五分鐘一小段在棚內或書房錄製、影片節奏明快、影片內具有問答互動性、課程具備可自動批改的作業與考試、免費修課、合格者可授與修業證書。這是過去從未見過的新趨勢，也造成了對教育的很大衝擊。

　　以源自史丹佛大學（Stanford University）、全球最大的

MOOC 網站 Coursera 為例，Coursera 自 2012 年成立以來，鎖定全球頂尖大學為其製作課程。被邀請加入的世界名校，皆將其視為自己學校在國際上的教學櫥窗，因此世界名校皆把自己最有特色、最有口碑的課程放上去。由於世界名校好課聚集之故，在短短兩年時間，全球學生人數已衝破一千萬人，成為全世界最大的線上教育網站。目前除了美國之外，最多的學習人口來自大陸。MOOC 儼然成為平民百姓接觸世界一流教育的主要媒介。

除了高等教育外，MOOC 也衝擊了 K-12 教育。美國的可汗學院（Khan Academy）在獲得微軟創辦人比爾・蓋茲的資金挹注後，製作了涵蓋數學、科學、人文、程式等各科目的高水準教學影片與互動式練習題。在美國有許多中小學老師都利用可汗學院的影片作翻轉教學之用。在華語世界，目前最領先的，是台灣的「均一教育平台」，裡面涵蓋數學、理化、生物等配合課綱所製作的數千部高水準教學影片。目前在全球已有超過十五萬學生註冊使用，部分縣市例如台東，甚至有近兩成的中小學在使用均一做教學之用。

MOOC 的出現，究竟對於老師會有什麼樣的影響？我認為，MOOC 會在未來對老師的角色造成一個很大的衝擊。為

什麼呢？

因為就傳統的教學觀而言，大部分的老師都把自己定位成一個講述者（Lecturer）。多數老師認為自己最重要的使命，就是每天去教室上課講給學生聽。在這種傳統的教學觀下，我們只要能比自己校內或系上的同事教得好，就可以安心了。我常做的一個比喻：這就好像你去海邊游泳碰到鯊魚，沒關係，只要能游得比你同事快，你就安全了！這個世界看起來真美好？可不是！

游得比同事快，就安全？

自從 MOOC 出現之後，世界已經不同了，這種傳統的教育觀開始受到重大的衝擊。跟大家分享個真實的故事。在台灣某大學的某個系，有一個必修課的老師教得不好，學生們都很不想去上課。其中一位學生在網路上找到史丹佛教授的 MOOC 課程在教同一門課。既然全球名校都把 MOOC 當做教學的櫥窗，這位史丹佛老師教的課自然是非常好。這名學生非常喜歡史丹佛老師的教學，從此之後他就都在家看史丹佛老師的課，不再去教室上那個教得不好的必修課了。

如果你的班上出現了這樣的學生，你怎麼辦？我常跟大學老師說，如果你班上也有一個這樣的學生在網路上看史丹佛老師的課，都不來上課，你應該要慶幸他沒來。你該怕的是，他每天在家裡看史丹佛的影片，然後你的課他也每堂必到，卻坐在最後一排冷眼旁觀看著你上課。你在課堂上每講一句話，他就開始跟別的同學竊竊私語，大肆批評：

「啊！你看這老師居然教成這樣！齁！拜託喔！人家史丹佛的老師根本不是這樣講的。天啊！！你看他居然這邊都解釋不清楚！OMG！！！」

請老師想像一下，如果你班上的最後一排，坐著一個這樣的學生讓你下不了台，你的面子往哪擺？你的尊嚴何在？

與全天下競逐最好的老師

老師要記住，在美好的過去，我們只需要跟我們的同事競爭。但是在 MOOC 跟翻轉的浪潮下，現在跟你競爭的還包括各國最會教的頂尖教師們。為什麼？因為當你把你自己定義成只是一個講述者，你的核心價值就只是在課堂上給學生的講演。問題是，你可以對你學生講演，那網路上那些名師（大

學、中小學皆然）的影片也可以對你學生講演！那些敢放在MOOC平台上面的影片，不管針對大學或中小學，都是教得很好的老師才敢錄製影片放在網路上給大家看。

當跟我們競爭的是全天下最好的老師時，還有哪位老師敢說自己講得最好，絕對不會被學生捨棄？

當老師把自己的價值全押在講演上時，這很危險，因為他是很容易被影片取代的。學生覺得影片內教得很清楚的那一位才是老師，教室裡面那個講得不清不楚的傢伙，若不是手上還掌握著大家的考試生殺大權，學生根本不把他當一回事呢！有的老師以為我在危言聳聽，其實一點也不是。事實上類似的事情，在台灣的教育老早就發生過了！

以中學數學為例，除了老師可以在教室講演給學生聽外，外面補習班的老師是不是也可以講呢？當學校老師的講演沒有補習班老師精采的時候，學生會怎麼想？學生心裡面往往是把補習班那位很會講的當做老師，而教室裡面的那個只被當做是個可有可無的戲偶。只會講演的老師被學生捨棄的現象，早就已經出現，現在只會更嚴重！因為現在不只是補習班的老師會來搶你的學生，連MOOC的影片也在跟你競爭。更可怕的

是，補習要錢，而 MOOC 絕大部分都是免費的，將來的涵蓋面會更廣、對老師的衝擊會更大！

因此，每一位老師都應該認真的思考：在後 MOOC 時代，身為一個老師的核心價值，究竟是什麼？我們該怎麼樣才不會被影片淘汰、被影片取代？

其實這個問題可以轉化一下，就是要大家去思考，到底有沒有什麼事情是只有你可以對你的學生做的，而那個網路的 MOOC 影片或是補習班老師沒辦法對你的學生做的？那才是身為一個老師不會被取代的真價值！你能找到越多這些價值，你就是一個越不會被時代所淘汰的老師。

究竟什麼是只有你可以對你學生做，而影片或補教老師沒辦法對你學生做的？這問題好難⋯⋯啊！體罰算不算？

哈！當然不是體罰！

這問題的答案，應該更深刻，也是我們這本書的宗旨。我希望看完這本書後，可以幫助每一位老師找到自己未來在教學上獨一無二、無可被取代的價值，而且還要幫助老師們能真正

將這價值在自己的教學中實踐。

　　如何成為一個無可取代的老師？答案，就是教書十五載以來，我所深刻領悟出來的一句話：

「For the Student! By the Student! Of the Student!」
箇中含意為何？又該如何落實？

我們一起透過本書來探究吧！！

Part II
人才能力篇

————————

未來的年輕人，必須具備四大能力：
會思考、會表達、會自主學習、會面對未知變局。
因為他們未來面對的都是沒碰過的問題，
為了要解決這些問題，他要靠自己去想、自己去學、
而且還要有面對未知的自信與韌性。

05
別逼孩子吃喉糖！

_不是把學生關在學校、關在教室、逼他們修一大堆課，
他們就會學得好、學得多！_

　　華人社會有個很大的迷思，就是把學生當小孩子，認為塞給他們愈多知識，他們就會學得愈多。觀察台灣學期跟學分的制度，我們就能看見問題的所在。

　　台灣大學法規定，學期長度是 18 週。這些年來，我常常聽到很多老師（都是教學很用心的老師）談到台灣的學期長度實在太長了。這麼長的學期，搞得師生到學期末個個都疲累、失焦。跟國外的老師相比，台灣老師也少了很多時間可以做深度的研究、教學的創新。

　　美國的學期普遍都比 14 週短。普林斯頓跟哈佛大學都是

12 週。我在美國密西根大學當講師的時候，學期則是 13 週，其中有 3 週是期中、期末考。整個課程真正拿來上課的，只有 10 週。而我在這 10 週教的內容，拿到台灣來教 18 週，只能勉強教完。而且學生還哀鴻遍野，覺得負擔很重。

我說給學生聽，學生常覺得不可思議。再提台大工管系余峻瑜老師在牛津大學念書的例子。他說：「牛津大學每學期 10 週，但正式上課只有中間 8 週。然而每一門課的份量，都跟我們一學期 18 週相去無幾。」

為什麼能在這麼短的週數，學完這麼多的東西？以此時在密西根念電機系大學部的 Johnny Chang 為例，他說：「小弟在密西根讀大學部的電機系，修個 12 學分就很累，因為光上課、作業、專題、實驗就佔了每天從早到晚的時間。認真的學生是約每天 12 點睡，5 點就起床到圖書館念書，週一到週日都不例外。」

其實美國學生跟我們在課程的學習強度，是有很大的差距的。原因在哪？主要是「學期太長」、「學分太多」。在這雙重因素下，台灣學生的學習，就容易出現疲累。

　　學期太長，還帶來另一個問題。台灣老師在教學跟研究上，沒有足夠的時間可以做深度的思考與創新。我在密西根大學時，暑假有四個月，因此可以做很多研究，想很多問題，做很多教學創新。在台灣，學期結束課才剛教完，成績弄一弄、整理一下，一眨眼只剩一個月就要開學了，實在很難空出時間做更多研究或教學上的創新。

　　台大資管系孔令傑老師的觀察非常精闢：「大學教授真的需要保留一點時間給自己，這樣才能持續充實本職學能。把教授時間綁得死死的，用長學期授課，塞滿教授一年的行程，這樣五年十年下來，教授很容易就跟學術前緣、最新科技和社會脈動脫節，自然無法把學生教好。教授需定期休假進修，就是這個道理啊，可惜大家都只覺得教授過太爽。」

學期長學分多，塞爆的「學習」

　　有些家長可能會擔心，暑假一拉長，孩子只會把時間混掉。請大家記住，你的孩子已經不是幼稚園孩童！台灣社會就是這樣。把人關在學校就覺得他有做事；逼著他修很多學分，才覺得孩子有在學習很安心。這種心態，就跟孩子幼稚園放寒假時，爸媽巴不得小孩能天天關在學校上課差不多：「把孩子

送到學校，我們就輕鬆囉！」幼稚園時這樣想也就算了，都已經大學了，爸媽還是希望暑假短一點，讓孩子多待在學校，家長才比較不需要煩惱。

這樣子對嗎？

我們都把學生當小孩子在看待，也把老師都當做沒教課就沒事做的一群人看待，所以才會誤以為學期愈長愈好。美國的暑假雖長，但那四個月不該是放牛時間。在美國，很多人都會去實習四個月，學到很多東西，而在台灣實習都是兩個月，好像沾醬油一樣；然後為了有深度的實習，只好開學後犧牲學校的時間，每週去公司一或兩天。這在美國反而罕見。其實，暑假四個月，可以讓學生透過實習學到很多的東西，或做深度的研究。不管怎麼樣，都比逼他們在教室裡面多聽一堆課來得有用。

常常有人批評我們的學生跟社會脫節，但大家何不反思：台灣的制度何曾給學生足夠的時間去接觸社會？一年只有兩個月時間，學生怎麼有機會去深入人群、了解社會？一方面想把他關在學校，一方面又抱怨他們畢業時不懂這個社會，真是何其怪哉？

　　不過學期的縮短，也應該跟畢業學分的減少，雙軌進行才對。不然學期縮短了，可是每個學生還得修二十幾個學分，問題根源還是沒有改變。台灣的大學塞一堆課給學生，一學期二十多學分，結果學生考試完一個月後就忘光光。這種學習其實意義不大。學生學分拿到了、成績也很高，那又怎樣？知識跟觀念都沒有好好參透的話，根本是學假的啊！

　　大家應該思考哪些科目、哪些基本能力是學生應該具備的，該扎扎實實的學習。到時候不管做什麼研究，需要修什麼更深的課程，都因為有著扎實的基本能力，所以都能學得很快、學得很好。至於哪些課算是基本的能力，那是系所自己要思考的。不過很可惜的，這個問題的討論，往往流於各領域各有想法、各說各話，以致沒有結論。

　　這問題雖然根深蒂固，盤根錯節，但不該再迴避。美國頂尖大學的科系往往每五年就要檢討自己系上的課程，如何調整才能因應時代的脈動而進步。我的學長李憲信教授在美國頂尖的喬治亞理工電機與計算機工程系教書，他們每五年檢討課程的時候，討論都非常激烈，甚至有老師對罵。但就是在這樣的激烈討論中，系上的課程才得以一直演化前進。

　　話說回來，要減少台灣的學期長度跟畢業學分數目，最大的問題是社會大眾的心態。我的鄰居每次看到我，都說：「今天沒課喔？那可以在家好好休息囉！」聽得我很無言。全台灣的民眾有八、九成都覺得老師就是爽爽教課而已，根本不知道老師除了教書外，還有非常重的研究壓力與行政服務等許多工作。現在若要倡議減學期週數，好提升教學質量，很多人可能聽不進去，也無法理解為什麼讓學生少學一個月，對學生會比較好？！甚至只覺得，「混帳，這些教授又想一年多放兩個月的假好好爽了！」

　　台灣的學期真的太長、學分真的太多。我們的社會應該要好好思考這個問題。不是把學生關在學校、關在教室、逼他們修一大堆課，他們就會好好學、學得好、學得多！這樣的想法太一廂情願了。我常常在網路上看到學生在問什麼課又涼又甜可以選，我常常都回：「要涼要甜，你怎麼不去買喉糖吃！」小孩不是只要有東西吃就好。如果每天只吃喉糖，喉糖吃多了，也是會出問題的。

　　不信，你等下晚餐不要吃，去買一整盒利Ｘ樂喉糖吞下去看看吧！

06
女孩，為何難過？

在未來的世界裡，究竟是什麼才得以讓孩子們脫穎而出？
是他們小學的數學成績？
還是跟人團隊合作的能力與個人的領導能力？

　　某次演講結束後，有一位女士來到台前跟我說：「葉老師，謝謝你的演講，可以跟你分享我小孩的故事嗎？」

　　我點點頭。這位女士便開始說起她女兒的故事。

　　這位媽媽的女兒是個小學生。學期剛開學時，小女孩回家非常開心。媽媽問她為什麼，女孩說，老師今天把全班同學分組，小組同學座位排在一起。數學課時，老師要大家用小組協同的學習方式，一起學習、一起討論、一起互教。女孩覺得這樣學數學好有趣！也因為這樣學，更懂數學了，所以好開心！

　　過了半學期，某天，女孩哭喪著臉回家。媽媽問她為何難過呢？女孩說，老師今天把大家的座位恢復成一個人一個位子。上課又變成以前學生聽、老師講的方式。媽媽好奇的問，之前用小組協同的學習方式不是效果很好嗎？為什麼老師又改回傳統的模式呢？

　　女孩說，聽老師說是因為某位匿名的小朋友家長，前一晚打 1999 去投訴老師的教學方式。老師不得不屈服，只能改回傳統的教學方式。女孩說完，又難過的哭了……

　　聽完這個故事，我內心非常沉重。這故事點出了台灣教育的關鍵問題。匿名的家長為何打 1999 申訴？家長的想法是，自己小孩數學成績很好，憑什麼老師要用小組的方式學習，讓小朋友們被一起計分？為什麼自己的小孩，要被組內其他數學成績不如他小孩的小組同學拖累？

　　大人們可曾想過？當這些小朋友長大，在未來的世界裡，究竟是什麼才得以讓他們脫穎而出、在這充滿競爭的社會立足？是他們小學的數學成績？還是跟人團隊合作的能力與個人的領導能力？

擔心成績被拖累，錯失領導體驗

一個小朋友的球打得不好、跑得不快，平常在同儕間都沒人願意服他當老大。所幸他數學好，在小組學習的時候，難得數學沒他好的小朋友需要仰賴他來教大家。這可是這位小朋友非常難得一次可以當領導者、歷練自己領導力的機會，再多的錢也無法買到這樣的體驗啊！

而他爸媽，卻只在乎他的小學數學成績有沒有被其他人拖累……

如果我們的大人，只在乎小朋友的成績，卻不在乎他的合作力與領導力。小朋友從小接收這樣的訊息，長大後會變成什麼樣的人？可能他從小一路到大成績優異，進了名校，卻不知道怎麼跟人合作，也不知道如何帶領別人一起完成工作。每次碰到大案子需要找人帶領專案團隊，大家就你推我、我推你，不敢出來承擔。這樣的人，如何能成大器？如何能出人頭地？

常常聽到長輩們數落年輕人積極性不夠、膽量不夠、韌性不夠，遇事不敢勇於承擔。數落之餘，大家可有反思？這不就是許多家長的觀念所造成的？如果不是家長覺得成績好最重

要、考上名校最重要、擠進有名的公司工作最重要，孩子怎麼會長大後，一個個變成畏畏縮縮、無法面對大場面的溫吞男、溫吞女？

更悲哀的是，全班三十個小朋友只要有一位小朋友的爸媽是這樣。其他二十九個小朋友也只能跟著他們這樣被教。即使老師對教育的認知很進步，肯用心、肯創新，還是被迫只能與這種不合時宜的教育價值觀妥協。這是我們體制內教育最大的難題……

何時才會有那麼一天，我們台灣的家長都能體認到孩子最欠缺的，是他們一輩子都需要的軟實力，而不是那些考完就沒用的成績分數呢？期待我們可以一起努力，讓那一天早點到來。

女孩，將不再難過！

07
能力比知識重要！能力比學歷重要！

————————

我們培養出來的年輕世代，
必得具備面對未知挑戰的自信與能力，
如此他們才有辦法在這個世界存活。

台灣社會這幾十年來的傳統觀念就是成績至上、學歷至上。老師、家長都很在乎學生的成績跟學歷，總是告訴孩子：「你就是把成績顧好，以後考上有名的大學。有個好學歷後，將來畢業就可以進到很棒、很有名的公司工作！」

對許多爸媽、老師而言，似乎只要有好學歷、能擠進有名的企業工作，孩子的一輩子就妥當了，一切就 OK 了！但真的是這樣嗎？

其實灌輸孩子這樣的觀念，是非常危險的。為什麼？因為

這個世界已經改變了。大家想想看，六年前 NOKIA 在手機市場獨霸，不可一世。走在路上，很多人都拿著 NOKIA 的手機。六年後的今天，NOKIA 何在？2014 年 4 月，收購 NOKIA 手機業務的微軟（Microsoft）正式宣布，NOKIA 這品牌正式結束、走入歷史。我還記得以前在美國念書時，如果有人畢業後能到 NOKIA 工作，大家都好崇拜，覺得好棒好棒，他可以到這麼棒的公司。可是今天，NOKIA 連品牌都已經走入歷史了。

另一個我常分享的例子是，2011 年的財經報導，很多人都看衰聯發科。因為聯發科在當時的晶片市場，都來自於大陸的 2G 山寨手機。但在 2011 年開始，大陸的 2G 山寨手機成長趨緩，相對應的晶片市場需求也趨緩，也因此大家都在探詢聯發科下階段的明星產品。由於大家都沒有答案，導致很多財經報導都看衰聯發科，預言聯發科沒有未來。可是 2014 年，聯發科的營收又創新高。

樓起樓塌，快速轉換的年代

所以大家必須體認到，這個世界跟過去的世界已經很不一樣了。因為全球化的程度非常高，所以世界變化非常的快。因

此公司樓起樓塌，都是三、五年的事情。如果我們的社會、我們的大人，還持續灌輸我們的年輕人：「你就是把書讀好、學歷衝得很好、以後進到大公司，一輩子就妥當了！」這樣的觀念是非常危險的，因為你其實害了這個小孩。如果孩子真的照這樣子的思維，只在乎成績、學歷，也順利進入有名的企業工作。過了幾年，公司樓塌了，這時候他必須去找他第二份、第三份工作。

找第一份工作時，人家會看他的學歷。找第二份、第三份工作時，人家還會再看學歷嗎？人家看的是這個人在第一份工作所展現的能力。學歷只能幫他找到第一份工作，往後的人生，人家看的都是能力，不再是學歷了。這個現象在創業圈尤其明顯。因為創業的關係，我接觸到很多創業圈的人。我們看到不少人不是名校畢業，可是在業界炙手可熱，大家都搶著要。為什麼？有的或因他程式寫得超好！有的或因他設計能力超強！反觀學歷很顯赫，卻什麼都不會的人，在業界可就乏人問津了。

除了世界愈變愈快之外，我們的年輕世代在未來也將面臨極為艱鉅的挑戰。我每年都會對我大二必修課的學生說：「老師非常同情你們！」學生們都覺得我很奇怪，二十歲的他們青

春正盛，為什麼一個四十多歲的大叔要同情他們？

　　因為未來這個世界，會面臨到很多問題，而且都是人類歷史從未面臨過的。比如說，石油據說只能再用三十年。想像一下二十年後，這些年輕人成為三、四十歲的社會中堅。但是石油已經快用完了，這對經濟會造成多大的衝擊？對世界會造成多大的恐慌？該如何面對？如何因應？沒有人知道，因為人類歷史從來沒有出現過人類主要能源快被用完的情況，所以從歷史上也找不到因應方法。

　　除了石油的問題外，氣候的變遷也愈來愈嚴重，造成的災害跟社會的損失也愈來愈大。該怎麼面對？人口少子化，台灣社會已步入人口高齡化，又將造成多大的衝擊？林林總總的問題叢生，經驗匱乏的大家該怎麼面對，只能摸著石頭過河啊。

　　這就是我們的孩子們在二十年後要面對的世界——一個充滿未知挑戰、未知變局的世界。請問，只是成績好，有辦法面對嗎？沒有辦法。因為通常成績好的孩子，都是在念人家整理好給他的知識，他們被訓練能精熟的解出演練過的各式問題。他們只會解決已經看過的問題。但是我們未來年輕人要面對的，卻是這些人類歷史上從未發生過的問題。要能面對這些充

滿未知變局的未來，靠的是他們有沒有那個自信跟能力去面
對，這也是他們能否生存下來的重要關鍵。因此，我們培養出
來的年輕世代，必得具備面對未知挑戰的自信與能力，如此他
們才有辦法在這個社會存活。

四大能力、六大軟實力，因應沒有答案的未來

　　所以，我們當老師、當爸媽的人應該要認真思考，到底要
怎麼培養孩子們？我認為在未來二十年，真正能生存下來的年
輕人，必須具備四大能力：會思考、會表達、會自主學習、會
面對未知變局。

　　因為他們未來面對的都是沒碰過的問題，為了要解決這些
問題，他要靠自己去想、自己去學，而且還要有面對未知的自
信與韌性。此外，因為很多問題都不是只靠一個人可以解決
的，如何把自己的思考精確的講給人家知道，也是不可或缺的
能力。

　　除了這四大能力外，要在充滿競爭的世界成功，他們還需
要六大軟實力。哪六大軟實力？其實很簡單，老師、爸媽回想
一下，我們大人在這個社會上，要能生存下來、能成功，憑靠

的是什麼實力？那就是他們未來最重要、最需要的。我歸納有
六項：

1. How to find resources?（如何找資源）

比如說，今天你想要推動一件事情。你能不能在這個社會
上找到資源、找到幫你推動的人，這很重要。

2. How to make friends?（如何交朋友）

比如說，你今天進了一家新公司，同事都不認識你。你能
不能在很快的時間內，讓很多人認識你、喜歡你、願意幫你，
這很重要。

3. How to play politics?（如何盱衡情勢，合縱聯盟）

只要有人、有組織，就有是非、就有 politics（政治）。那
你能不能看得清楚這些人事背後的 politics，保護你自己？甚
至應用一些情勢幫助你推動你想做的事情？這很重要。

4. How to identify key problem?（如何發現關鍵問題）

成功的創新創業，往往是因為解決了很多人都受苦的問
題。可是能讓這麼多人受苦的問題，怎麼會一直沒有人設法解
決呢？原因是很多人為此受苦卻不自覺。若你有很敏銳的觀察

力、洞察力，就能比別人早發現這個問題，從而搶得先機去解決它。這很重要。

5. How to impress people?（如何讓人印象深刻）

比如說，同一梯次有十幾個新進員工，你能不能很快就讓主管對你印象深刻，而且是好的印象、不是壞的。這很重要。

6. How to sell ideas?（如何行銷創意）

比如說，你有很好的想法，可是你有沒有好辦法推銷出去，讓別人願意接受你的想法來支持你？這很重要。

這六大軟實力，都是我們大人在這個社會能生存下來、能成功的最重要的實力。可是我們在學校有沒有培養學生這些能力？我們在家裡有沒有培養我們的孩子這些能力？我們的年輕世代，自己有沒有體認到，這些能力對你的未來可能比你哪一科成績是 95 分、或是 99 分更重要？

沒有。大人們、孩子們常常忽略了它們的重要。原因是，大人們會覺得，這些事情以前我們在學校也沒有教啊！出社會再慢慢磨就行了啊！

　　在以前世界全球化程度不高、世界變化速度不快的時代，年輕人有很多時間可以慢慢的成長，讓社會慢慢把他們磨成材。但是眼下的世界已經不同，其變化速度之快，競爭之激烈，完全不可同日而語。現在的世界已經沒有時間讓我們的孩子在出社會後才慢慢磨成材了。如果我們當老師的、當爸媽的不幫他們建立這些軟實力，他們還能靠誰呢？就這樣讓他們出去面對世界的競爭？不教而殺謂之虐啊！

　　所以，請各位老師、爸媽牢記，能力比知識重要、能力比學歷重要。想想看，我們在職場上，究竟是靠什麼樣的能力跟實力才得以成功的？就讓我們一起幫我們的孩子們培養這些能力跟實力吧！這才應該是我們教育的目的！

08
重劍無鋒，大巧不工！

真正有意義、值得解的大問題，
都是需要花很多時間跟腦力的。

　　每年我在台大電機的必修課，都會再三叮嚀同學：「人的能力有很多面向！」

　　在高中時，我們常看到有些同學什麼科目都強。更過分的是，球也打得好，人又長得好看。這些人彷彿是人生勝利組，天生就什麼都強、什麼都好、什麼都棒！但到了大學，人生勝利組往往便開始落漆──或是微積分念得呼天搶地，或是國文念得如喪考妣，或是打球被巴鍋，抑或是滿臉橫肉不復往日清秀。

　　秀才為何會落漆？其實，高中以前學的東西難度有限，很

會念書又很會打球，並非很難。況且人在二十歲以前，五官基本上都不會亂發展，身為一個高中生，長得清秀好看，也是非常合理而且合乎邏輯的事啊！但大學之後，在學問和生活的挑戰上，難度都提升了一個檔次，還想面面俱到，實在很困難。更別提那蠢蠢欲動、肆意亂發展的五官了，簡直悲劇 QQ[5]。

我們應該讓孩子們體認到的是：「人的能力有很多面向！」有的人反應靈敏，有的人談吐風趣，有的人妙筆生花。隨著年齡增長面臨各種挑戰，每個人在不同面向的能力差異也因此浮現。在職場上這樣的現象更是顯著。現代的企業高度分工，不同的工作往往需要不同能力的人，才足以勝任。對於現代的企業而言，如何發掘需要的各樣人才，對生存發展至為重要！

究竟企業該如何透過面試來發掘公司所需的各式人才？又是如何讓大家能適才適性、成就卓越？現今的世界，動輒劇變，不管經濟的規模、資源的問題，或是商業的模式，在在都是人類歷史所未見。大企業為了求生存所要的人才，是要能解決各種沒碰過的問題。只會解看過答案的問題而不真正具備解

5　QQ 乃網路用語，泛指哭泣、難過的意思；是網路世界常用的表情符號，來自日本動畫人物的一種現代象形文字。中的兩個圓圈 OO 代表眼睛，兩撇則代表眼淚。

決問題能力的人，終將被淘汰。因此當今美國業界的面試趨勢，是以各種創意思考的問題來發掘人才。但這些創意思考問題，往往被許多人誤認為腦筋急轉彎一類的題目，不值一哂。

「過程導向」才是王道

其實，這是許多人在現今「答案導向」的教育思維下，所生出來的偏見。美國大企業在發掘人才時，著重的是面試者解決問題的過程，亦即是「過程導向」的思維。這種面試哲學，對普遍重視「答案導向」的台灣社會，是重要的啟發。

我舉個例子幫助大家更能理解。有次因為製作課程投影片，我跟一位很優秀的學生提到一個機率上很有名的問題，我把題目敘述完後，問他覺得這題目應該怎麼解？他第一個反應是：「等一等，等一等，給我一點時間。我記得這個題目以前有看過，讓我回想一下，那個答案是什麼？」

這是一個很典型的例子，這位同學很優秀，但是他碰到問題後的第一個反應，是很習慣的去回想自己有沒有看過這個題目、有沒有記得這個答案是什麼？

　　很多人碰到問題，都不是先從解決問題的角度去思考——
這個問題該如何著手去解。目前的教學方式是把很多人都訓練
成搜尋引擎，而不是思考引擎。每個人都把自己的腦變成一個
小百度、小 google、小雅虎，總是搜尋，少於思考。

　　我曾看過一個國外面試常問的問題：「你要怎麼秤出你的
頭有多重呢？」當你面試碰到這個問題時，大家是會先在腦中
搜尋看過的面試問題題庫答案本，還是立馬動腦筋開始發想這
種量秤的可能方法？如果是前者，大家是很難把所有的問題答
案都看過想過，總有一天會碰上沒看過的題目，於是就完了。
要平日就開始養成訓練自己思考的習慣，才是王道啊！

　　很多人常覺得如果我可以搜尋出答案，那就可以省下更多
的時間來想其他問題。學生時代的我亦然。不過問題是，大多
數人省下的時間，並沒有真的用來在思考解決其他更花腦力的
問題。大家回想一下，在大學四年當中，你花了多少時間做過
很深刻的思考呢？

　　事實上更可怕的是，搜尋的習慣一旦養成，就很難丟棄
了。真正有意義、值得解的大問題，都是需要花很多時間跟腦
力的。平常如果在小問題（高中、大學的作業、考題）上沒有

好好利用來訓練自己的思考，都是靠搜尋模式搞定的話，將來碰到大問題的時候，只能束手待斃。所以我說，出來混，總是要還的啊！只是時間早晚而已……

　　根據我在美國密西根大學教書的經驗，美國學生有不少都是只用思考引擎模式去面對問題。這也是為什麼他們考試通常都比亞洲留學生差，因為他們記得的題型跟答案比亞洲留學生少。但是做期末專題時，他們往往都做出非常讓人驚豔的作品。

　　台灣的學生，往往學很多技巧，解題都超快。但真正高手的境界，不是靠技巧，而是靠鍛鍊自己的思考。所謂「重劍無鋒，大巧不工」。真正到了高手境界，碰上什麼重量級的問題，玄鐵神劍[6]一劈下來，都能迎刃而解。只會背小技小巧，到頭來，也不過是隻美工刀。碰上真正的難題，馬上就筆折[7]了。

6　玄鐵重劍是金庸武俠小說《神鵰俠侶》中虛構的一項兵器，為神鵰大俠楊過二十歲時所用，若以強勁內力配合重量十足的玄鐵重劍使出，威力銳不可當。「重劍無鋒，大巧不工」乃玄鐵劍法的心訣。

7　「筆折」為網路用語，意思為出狀況，或類似台語的「凸槌」。原為軍事用語，因「鷹式飛彈」外形像支筆，筆斷了，即意味有事情發生。

你，要當玄鐵神劍，還是美工刀呢？

衷心盼望大家都能發掘自己不同面向的能力，將思維從「答案導向」轉為「過程導向」。轉變，就此開始！

09
世界第一流人才為何？

「玩得深、學得快、賣得早」的人才，
才有辦法在世界引領風騷。

「什麼是世界第一流的人才？」這是我最近演講常提到的主題。台灣要培養人才與世界各國競爭，就必須先知道什麼叫做第一流的人才。如果這個問題回答不出來，還奢談什麼人才培育、人才競爭？

以哈佛大學商學院（HBS）為例，他們從 2014 年開始，對於審查申請者有了新的策略思考。本篇《專訪哈佛大學商學院申請入學業務負責人狄・李歐珀》（A Revealing Interview With Harvard Business School's Dee Leopold，http://goo.gl/nqPBOc）的訪談，即透露這所世界名校的「取材趨勢」：

"For the first time ever, HBS is asking applicants to list online courses and MOOCs on their application because Leopold believes such classes can help to build a case for a candidate whose quantitative ability may be in question."

意思是說，哈佛商學院要求申請者提供過去在 Coursera[8] 或是 edX 這些世界一流的線上課程網站，到底修了多少課程、拿了多少合格的證書。這是過去從來沒有過的規定，因此引起廣泛的注目。這樣的改變，代表了什麼？

另一所世界一流的華頓商學院（Wharton），在最近也推出了新的 Coursera 微學程，由四門 Coursera 線上課程，搭配一門綜整式專題課程而組成。任何人都可以選修這套費用較為低廉的課程。對於修完微學程的全球學生，華頓商學院會邀請修課成績全球排名前五十名的學生，進一步申請華頓商學院，並提供美金 $20,000 的獎學金五名，詳見「Wharton Using MOOCs To Recruit MBAs」（http://goo.gl/4riRNH）。

8　Coursera 是一個提供 MOOCs 的線上教育組織，創立於 2012 年 4 月，由史丹佛大學資訊工程系教授 Daphne Koller & Andrew Ng 共同創設，和 Udacity、edX 並列為 MOOCs 界的三巨頭，也是三者中學生人數和影響力最大的平台。在 Udacity、Coursera、edX 當中，Coursera 是目前唯一有台灣學校參與的組織，其中最有名的當屬本文作者葉丙成老師的「機率」課程與歷史系呂世浩老師的「秦始皇」課程。

一流人才必備三要件

我們可以看到，世界一流學府，都在逐漸改變招募學生的方式，以招收世界第一流的人才。到底大家在搶的是什麼人才？什麼樣的人才是第一流的人才？哈佛商學院、華頓商學院，都以收世界第一流人才自許。他們招生規定的改變，某種意義上，代表了世界對第一流人才的定義開始出現變化。什麼叫做世界第一流的人才？

未來，世界第一流的人才，必須要有這些要件：

一、有眼界，可以判斷什麼是重要的東西！
二、有能力，可以靠自己把這東西學起來！

因為唯有夠高的眼界跟夠強的自學能力，才有辦法面對充滿變局、變化迅速的世界。但是，我覺得這還不夠。有一次，我跟開發科技董事長劉紹樑先生在美國創意中心（AIC）辦的論壇上對談。我們有志一同的認為，世界第一流人才、真正厲害的人才，還要再加上第三個要件：

三、有玩心，能將自己志業玩得精采萬分！

如果你對於自己正在做的事情，不只是把它當做志業，而是投入你的生命、你的熱情，去把它玩得很精采、玩得很有樂趣。這樣才有可能做到發光發熱，這樣的人，才是真正世界第一流的人才！

除了這三個要件，我們還可以對一流人才的素養，做更深入的探討。台大之前有個很成功的案例。不久前有幾位台大同學組成 Flux 團隊，發明了一款新型的 3D 印表機，還可以換噴頭，非常好用。他們在美國著名的群眾募資網站 Kickstarter 上，籌到一百六十七萬的美金，破了台灣的募款紀錄。

當最早有 3D 印表機的時候，Flux 這群年輕人就開始在宿舍試著自己兜，他們組裝得很起勁，玩得很樂，很快地就玩上手，也玩出了很多問題。於是他們就自己改良，設計出新的機型，甚至還有全球首見的多功能變換噴頭設計。接著，他們就把產品推到 Kickstarter 上賣，引起搶購風潮。

未來人才——Learner, Doer, Communicator, Connoisseur

這個案例充分的說明，我們未來究竟需要什麼樣的人才。我們就是需要這種「玩得深、學得快、賣得早」的人才，才有

辦法在世界引領風騷。如果是一般人，3D印表機剛出來的時候，大家都不會也不敢去玩。爸媽、老師難免嫌棄：「花時間玩那個幹麼？對課業又沒有幫助！」等到過幾年，很多人會用了，坊間的電腦補習班開始開課了，出版社也開始出「快快樂樂學3D列印」這種書。這時候你怕落伍才開始去學。等你學會了，全世界已經上億人都會使用了，哪還有商機留著給你賺？這樣的人，注定就是一輩子幫老闆賣命而已，很難有機會開創商機、引領風潮的！

世界變化如此快，新的技術一直不斷地冒出來。台灣未來需要至少5%的年輕人，能夠在新的技術一出來，就能很快的學會它、掌握它、進而發展出商業模式。這樣的人，才能主導未來產業，也唯有這樣的年輕人，才有機會站在世界的浪頭上，爭得一席之地。少了這樣的人才，少子化的台灣，是無法跟世界各國競爭的。

因此我理想中的教育，是要讓孩子們從小就透過翻轉、BTS等教學方法，將他們訓練成自學力很強的「Learner」（學習者）。但只這樣還不夠，他們還必須從小被訓練解決問題、設計、實作的能力，也就是我們要從小開始訓練孩子寫程式、Maker（創客）、做project（專案），要把他們培養成「Doer」

（行動者）。另外學得快、會創新也還不夠，因為沒有論述能力的人，是沒辦法把東西賣出去的。因此我們還必須要訓練他們的論述、行銷、溝通、表達能力，讓他們每一個人都成為成功的「Communicator」（溝通者）。除此之外，他們也要有美學的素養，才能做出讓全球顧客覺得有品味的設計。因此我們也要培養他們成為具備美學設計素養的「Connoisseur」（鑑定者）。

「Learner, Doer, Communicator, Connoisseur」，就是我想要培養出來的新世代人才。為了實踐我們理想中的教育，目前我們有好幾位夥伴正一起努力：台大呂世浩老師（人文）、成大蘇文鈺老師（程式、Maker、創業）、我（數理、創業）、學學文創（藝術、設計），還有幾位目前翻轉教育的中小學先驅老師。我們希望規劃出真正能培養出這種人才的教學設計。我們會用台灣的教材，搭配能建立學習力、思辨力、創造力、執行力、表達力的教學方法，去教出孩子們的真正能力。我的理想是，當這群孩子十年後成功發光發熱的時候，我們的社會才有可能被說服：

「Learner, Doer, Communicator, Connoisseur」，才是真正決定孩子未來能否成功的重要關鍵！

10
人生窮得只剩傅立葉

> 我讓整個思緒沉澱下來，看待時間不再那麼功利，
> 也開始體認到讓自己變得豐富，
> 是未來要成功的一個非常重要條件。

　　我常常問我的學生，如果有一天有機會跟你公司的大老闆同桌吃飯，你會跟他講什麼？如果只能想到「董事長，今天天氣不錯喔！」那就可惜了。難得有機會碰到一個重要的人，而你卻沒辦法讓人留下印象，這樣的人是很難抓住成功機會的。

　　我從小就很會念書，順利考上建中、台大，讀書之外還有餘裕可以運用。但當時，我總是很功利的想：「我花時間在這上面，對我有什麼用？」於是，我很少花時間在課業以外的事務，對於不同領域的涉獵很少。因為我只在乎我的課業成績有沒有顧好。

　　這樣的心態，一直持續到我出國留學。我在美國留學跟別人不一樣。大部分台灣人去美國都是跟台灣人一起攪和，他們住哪兒就跟著住哪兒，修了什麼課就跟著修，分組沒？大家就一組。吃飯沒？大夥兒一起吃。整天都跟台灣人在一起。但我在這件事情上比較不一樣。我認為我去美國留學就是應該要學美國的文化，學怎麼跟美國人打交道。因此我在美國就刻意在念書組 study group 時，都跟美國同學一起。

　　那時候，有一群美國同學跟我一起念書。因為我數學還不錯，所以常常都是我在教他們。我也不以為意，就儘量幫忙，後來交情就變得很好。有次，一位美國朋友就跟我說，那個週末他和太太要開派對，他想邀請我參加。我整個星期都很興奮，因為在那邊台灣人和美國人有交情的很少，而交情好到人家願意開派對請你去，更是不容易。我非常期待看到美國人開派對的樣子。

　　好不容易熬到週末，就很興奮去參加派對。結果發現人家在聊天時，我都插不上話。人家聊職業運動，我因為沒有特別關注職業運動的新聞，所以插不上話。人家在聊音樂，那時候小甜甜布蘭妮很紅，我也搭不上邊。因為在求學期間，我一直認為流行音樂是靡靡之音，不該浪費時間在這上面。人家不管

聊什麼，我統統都搭不上話，感覺很無力。

因貧乏無法與人溝通，也喝不了酒

後來好不容易，有一個一起修課的美國同學來到我旁邊的桌子倒飲料。我想這真是個好機會，看能不能跟他對話一下。我想了半天，人家飲料都快倒好了，我還是想不到講什麼。最後情急之下，我竟然跟他說：「今天老師教那個傅立葉的轉換，好像很難齁？」

那位同學聽到後，用著很奇怪的表情看著我，接著馬上說：「那個誰誰誰在叫我，我過去一下，等下再回來找你喔！」結果，那天晚上他都沒有再來找過我。想想看，在一個派對裡，居然完全找不到話題跟人聊，只能拿傅立葉轉換來當話題。那個當下，我覺得自己很可悲，也是我人生第一次感到自己是個非常貧乏的人。

但貧乏還不是最慘的。一般在美國社交化是這樣，如果沒話講就罷了，至少要能喝酒跟大家一起活絡氣氛。結果當人家來找我乾杯跟我說 cheers 的時候，我對他們說：「對不起，我對啤酒過敏！」美國人聽了不敢置信的說：「what?」他們很少

聽過有人這麼遜，居然會對啤酒過敏的。因為我老媽覺得好孩子不能喝酒，所以從小到大我很少喝酒，也因此只要喝一點啤酒就起疹子。連酒也沒辦法喝，這下子大家真的放棄跟我這遜咖交流了。

因為這次派對的經驗，讓我第一次發現自己對這世界是多麼的不了解。無法與人溝通，也喝不了酒，讓我完全缺乏在這個社會生存的必要技巧。原來過去十幾二十年只專注課業的我，竟然窮得只剩下傳立葉！

談吐有魅力，因為豐富有閱歷

我一直都跟學生說，我現在進入中年，有機會接觸到許多成功的人。我觀察這些很成功的人，發現他們都有共同的特質，就是每個人都很有魅力！這些人的魅力不是來自他的長相，而是來自於他們的談吐。他們的言談會吸引旁人想聽他們說話。

這個魅力，往往是因為他們是豐富的人。如果你不是豐富的人，你的談吐是不會有這個魅力的。所以如何變成一個豐富的人，是成功者非常重要的條件。我非常慶幸自己有到美國念

博士。那五年，讓我有時間徹底改變我的思維。我讓整個思緒沉澱下來，看待時間不再那麼功利，也開始體認到讓自己變得豐富，是未來要成功的一個非常重要的條件。於是在那五年中，我沒試過的事情就儘量去試、去玩、去學，而且也發憤練習喝啤酒到不會起疹子！

慢慢的，我打開了眼界，也讓自己的雜學愈來愈廣。雖然這些雜學跟我的研究沒有直接相關。但對於我後來跟不同的人接觸，發揮了很大的作用。因為這些雜學，我比較能夠跟初識的人交談；因為這些雜學，我也比較有機會在我懂的事情中找到對方有興趣的話題，進而營造一場有意思的對話。這對我的事業發展，起了很大的作用。

回首過往，我真正覺得「窮得只剩下傅立葉」是我自己很深刻、痛苦、懊悔的一段。幸虧我運氣好，有念博士的這五年時間，讓自己變成一個豐富的人。但我們很多學生在大學畢業、碩士畢業後，就要開始進社會工作。一旦開始工作，他的時間就變得很寶貴。對他而言，時間的運用只會變得更功利，更不可能把時間花在專業以外的事情。要變成更豐富的人，對他來說，是不可能的任務。

　　所以我認為，做為一個老師，我們有這個義務在學生時代，告訴學生除了成績之外，也要多涉獵雜學。我們要讓他們知道：

　　「讓自己變成一個更豐富的人，是未來成功的重要關鍵！」

Part III
教學創新篇

教學是門藝術，每個人都需要靠自己去摸索出適合自己風格、
適合自己學生、適合自己場域的一套教學方式。
如果連老師自己都不敢嘗試的話，
又如何期待我們教出來的孩子敢主動挑戰未知的事物呢？

11
佐藤學對，還是你對？

教學是門藝術，每個人都需要靠自己去摸索出適合自己風格、
適合自己學生、適合自己場域的一套教學方式。

　　每次翻轉教室工作坊結束後，我常看到很多的迴響。老師
們固然有所感動，卻也有老師對於如何確保新的教學方式在班
上能施行得好而有擔憂。

　　我的感想是，老師們有時候太多慮了。沒有老師是天生一
開始就會教的，任何教學方式都是要經過自己實驗、調整、再
實驗、再調整，才會變得完美。以我自身為例，我自己的許多
教學方法都是經過幾年調整後才完成的。

　　我一直認為老師在開發教學法時，並不需要等到確定一定
有完美的結果後才開始教。每個班級都是不同的班級，每個老

師都不同。教學是門藝術，每個人都需要靠自己去摸索出適合自己風格、適合自己學生、適合自己場域的一套教學方式。如果不勇敢跨出第一步的話，是永遠不可能琢磨出屬於自己的教學藝術。如果連老師自己都不敢嘗試的話，又如何期待我們教出來的孩子敢主動挑戰未知的事物呢？

之前有一次在建中舉辦的教育論壇，看到現場 700 多位老師，捨棄假日出席週末的活動，我很感動。老師們熱烈的反應，尤其讓人興奮。特別是演講後，好幾位老師來跟我說，今天的演講讓他們很想改變。有位快退休的老師跟我說，聽了我的演講後，讓她又燃起了熱情，想好好地做一些不一樣的教學！老師的回饋總讓我很開心，也很感動。我們花這些時間演講，就是希望能把老師們心中的那根引信點燃，讓老師重拾對教學的熱情。很高興這些老師讓我知道，他們真的被點燃了！

但有件事情讓我有點出乎意料之外。有幾位老師在演講結束後，在台前一直跟我說我的教學方法跟佐藤學[9]哪裡不同哪

9　佐藤學乃日本東京大學榮譽教授，提出以「學習共同體」的改革做法，在日本掀起一場寧靜革命。主張透過合作學習、分享表達，幫助孩子們找回學習的樂趣，以及老師們找到成長的動力。2012 年迄今，「學習共同體」的教育改革也在許多台灣教學現場紅紅火火。

裡相同。他們跟我有很熱烈的討論，想知道哪邊才對。坦白
說，我覺得這樣的討論意義並不大。

為什麼？

勇敢創造出屬於自己的教學流

因為我覺得佐藤學教授雖然很厲害，但是他再怎麼厲害，
也不會比我對我自己的學生了解。為什麼我要因為別人教他學
生的成功，就讓他的原則來限制我的教學？這也不能做、那也
不能做？

我很有信心，做為老師，做為一個最了解我自己學生狀況
的老師，只要我願意想、願意試，我絕對能開發出最適合我的
學生的教學方法！我不需要別人來告訴我什麼該做，什麼不能
做！

針對老師們所說的不同處，我一點一點的說明我的教學理
念究竟為何，也說明了那樣教之後的效果如何。而這些原本有
所懷疑的老師們，也都被我說服了。搞到最後，變成好像是一
個教學，各自表述，公說公有理、婆說婆有理。但是到底誰有

理？到底誰才對呢？

其實答案很簡單。我跟佐藤學都對，但我們兩個人也都不對。這是什麼意思？聽起來好玄啊？！

從某個角度看，佐藤學、丙紳，我們兩個人都用各自的方法、理念，在我們各自的學生身上教出我們各自所期望的學習成效。所以說，我們兩個人的方法都是對的！

但是，其他老師所教的學生背景、程度、動機，跟佐藤學的學生或是我的學生，絕對不會一模一樣。因此佐藤學的方法或是我的方法，是否可以直接套在別人的學生上，說一定要這樣才是對的教法？

No！兩個教法都不對！

因為各位老師，在你自己的班上該用什麼教學原則、什麼教學方法才對，是只有你才知道啊！因為只有你對你的學生最了解，因為只有你對你的科目最清楚，因為只有你對你的教學成效觀察最直接。老師們儘管放膽去試、去觀察、去調整，你最後試出來效果最好的那一套，就是對你學生而言最棒、最對

的一套教學方法！

　　管他什麼阿佐、阿丙，誰對誰錯，每一位老師對於自己的學生，只有自己最懂！對教學充滿熱情的老師們，就讓我們每一位，都勇敢創造出屬於自己的教學流吧！

12
教學創新七大原則

————————

任何教學上的改變，
老師都要時時觀察學生的反應和教學效果，
隨時做調整。

最近這幾年，很高興看到不少老師願意在教學上力求改變。教學上的改變，直接影響的就是學生。學生也是有想法的個體，每個學校、每個班級、每個科目的狀況都不一樣。因此任何教學上的改變，老師都要時時觀察學生的反應和教學效果，隨時做調整。每個老師透過慢慢試、慢慢改，最終一定能理出一套適合自己學生的教學方式。

過去十五年，我做了不少教學上的實驗，也觀察到不少自己和他人的經驗。在此整理出七大原則，提供給想做改變的老師們參考：

原則 ❶ 教學創新最好從新學生開始

在大學裡一些老師教學上的大改變，如果是在學期中才宣布，學生往往都很抗拒。那是因為經過了半個學期，學生早已生成了一套應付這個課程的最有效率模式。如果老師突然大改變，學生自然很抗拒、很不爽。因此我做任何教學上的改變，都會針對新的一批學生，並自學期初開始。

如果任教國、高中的老師考慮翻轉教學，最好從一年級新生開始做會比較好。主要是二、三年級的學生，已經歷過了一年以上的傳統教學方式。突然改變教學方式，對他們壓力會比較大，也比較抗拒。至於一年級新生剛進來，原本就不知道新學校的教學方式為何。直接用新的方式教他們，就不至於有太大的抗拒心理。

原則 ❷ 教學創新應考慮學生負擔

任何改變，要讓學生願意、樂意接受，前提是不過分增加學生的負擔。以翻轉教學的常見模式為例，學生在家看教學影片，在校上課時間做題目、做討論。這種方式能讓學生願意接受的原因，是因為沒讓學生增加太多額外的負擔，作業題目都改到學校去做了。

　　老師若想做改變，一開始要小心評估對於學生的負擔是否有急遽的增加。如果有，那也會造成學生的抗拒改變的心理。最好還是循序增加、循循善誘為宜。

原則 ❸ 跟學生溝通、引起動機很重要

　　在教學上的設計，我都會跟班上的學生說明這個設計的用意，以及這樣做對學生有什麼好處。如果不好好說明，不試著引起動機的話，學生到後來也只是應付而已。所以任何教學上的設計，都應該要跟學生好好溝通、說明老師在這項教學設計中的理念。

原則 ❹ 教學設計的目的性儘量明確

　　教學上的一些創新、設計，如果其目的性很明確，比較能看到效果。如果目的性不夠明確，學生不能很清楚知道這個創新設計是要讓他們得到什麼，那學生將無所適從。甚至學生會認為是為改變而改變，最後就又變成應付老師的模式。

　　因此老師所做的教學創新，最好是目的性很明確，可以讓學生了解、認同，效果才會好！

原則 ❺ 顧及學生課內外活動的時間管理

我出作業或專題，常會顧及到系上的大活動或學生其他課程的期限，因而改變、調動作業或專題的完成時間。

老師如果真的希望學生能全力在我們的教學設計上投入，有時候還是要顧及到學生其他的科目跟活動。在大學，通常比較難跟其他的課程老師協調，所以我通常都會看狀況來調整進度。

但在中小學，老師之間不像大學老師之間那麼不易碰面，比較有機會協調。比如說開學第一週讓學生忙數學的特別作業／專題。第二週讓學生忙國文的特別作業／專題。這樣學生的負擔就不會太重，也比較能從每次不同的作業／專題得到樂趣。如果每週各科目都各自安排特殊作業／專題，學生不但無法領略樂趣，反而還對這樣的學習方式產生負面觀感。不可不慎。

原則 ❻ 儘量確保學生有全面性的學習

有些大學教授還會拆開章節，讓不同組學生去讀，然後教大家。這種方法有時效果不錯，但也有一些後遺症：學生對自己負責的章節比較熟，但其他章節就比較輕忽。因此確保學生

有全面性的學習，就顯得非常重要，以免大家的學習效果差異過大。

　　一般常用的**翻轉教室方式**，是讓每一位學生都看到所有的影片。中山女高張輝誠老師的學思達教學法，也讓每一位學生看到所有的講義內容跟題目。因此兩種方式都能確保每一位學生都能有全面性的學習。老師們不妨參考看看。

原則 ❼ 教學創新以少量增加為宜

　　我自己的教學，通常是每學期只做一小部分改變。一次就做很大的改變，除了自己會很累之外，萬一學習效果不好，老師也會很挫折、很受傷。另外之後要改進的話，也不知這麼多改變是哪部分開始有問題，不知道從何改起。

　　因此如果老師做教學創新，最好每班少量做比較好。這樣即使效果不好的話，也比較知道該怎麼改進。

　　如果老師同學期教好幾個班的話，那反而可以好好利用這種情況！老師在每一班都做一種不同的教學創新，那就等於一學期可以試很多種。最後看哪些效果好，那些效果不好，再做綜合分析與統整。這種方式的話，每班學生都只有試一種創

新，學生的負擔也不會增加太多。即使搞砸了，影響也不會太大，老師的心理壓力也比較小。

　　以上是過去十五年來，我在教學創新的經驗中，所觀察歸納出的七大原則。只要好好記住這七大原則，我們就能大幅提升教學創新的成功機會！

13
「老仙角」[10] 的二十一條

───────

在教書教了二十五年後，還能一直不斷惕厲自己，
讓自己在教學上有新的體悟，這需要何等的熱情？
有多少人能做得到？

　　在教學上啟蒙我很多的，是我在密西根大學的一位老師：
耶哥教授（Prof. Andrew E. Yagle）。我從耶哥老師身上，學
到很多關於教學的重要原則。他的啟發，對我後來的教書生涯
起了很大的作用，也藉本文跟大家分享耶哥老師對我的啟發。

　　西元 2000 年初秋某日，是我到密西根大學電機系後開學
第一天。想到那貴死人的學費（每堂課折合台幣約五千元），
連遲到一分鐘都覺得很罪過。一早七點多就匆匆趕往教室上第

───────────────

10　老仙角（台語），即「老先覺」，用來形容很厲害的長者。

一堂課：「機率與隨機程序」。上課前懷著忐忑不安的心情，一會兒想著等一下英文如果都聽不懂怎麼辦？一會兒又想著不知道能不能適應美國老師的教學方式？

就在胡思亂想之際，一個高近兩米、中廣身材、眼鏡樣式有點過時的歐吉桑，匆匆忙忙的走進教室。他自我介紹是教授這門課的耶哥老師。坦白說，對於這個看來有點書獃氣、看起來相當內向的歐吉桑，我覺得他應該就是個中規中矩的老師。至於能否滿足學費的 CP 值[11]，實在沒抱多大期望。

等到開始上課後，我發現這位歐吉桑一上起課來簡直變了另一個人，宛如在夜店勁歌熱舞的二十幾歲小伙子。上課時他整個人相當的 high，時而齜牙咧嘴，時而語調高亢，全身充滿了活力。這真是讓我大開眼界，我從來沒想過，可以在一個人身上看到如此多的角色變換。

耶哥老師上課除了很 high 外，更是十分幽默。他常常會花心思想一些有趣的例子來吸引學生的注意力。舉例來說，當

11　CP 值（Cost/Performance ration），即價格性能比，換句話說，你花一塊錢，可以得到多少的「效果、結果、表現」等等。

時適逢美國總統選舉，布希（Bush）跟高爾（Gore）兩候選人打得難分軒輊，他便引用總統選舉的民意支持率來解釋信心區間的概念。只不過他把候選人的名字改成了 Gush 跟 Bore[12]，聽起來都是很驢的名字，惹得大家哄堂大笑。整整一學期，大家在上耶哥老師的課時總是興致高昂，課堂上鮮少見有學生夢周公的。

隔了一個學期我考過資格考之後，系上安排我當助教。當了助教後的第二學期，我便成為耶哥老師講授「數位訊號處理」課程的助教，連續合作了三個學期。在我們系上，每門課的助教除了每週要有三個小時的教學輔導時間（office hour）外，每週還要負責向學生講授一個小時的助教課。

助教課的內容大多是老師指定額外跟學生補充課程的相關資料。耶哥老師總是讓我自由發揮。雖然耶哥老師沒有要求我，但我為了要時時掌握他上課的進度，以決定助教課補充的範圍。三個學期下來，這門課共一百多堂，我都是從頭坐到尾。若加上之前修他的課，我聽耶哥老師的課有整整 156 堂。除非有學生連續被他當掉四次以上，我相信我是聽過耶哥教授

12　Gush 發音近似「Gosh」（我的老天），Bore 意指無聊、無趣。

最多時數的學生！

156 堂課的練功

　　耶哥老師的這 156 堂課，也是我在教學上受過的最大啟蒙。對於已經滾瓜爛熟的課程內容，我觀看著耶哥老師如何加以闡述、如何引起學生的學習興趣、如何維持學生的專注力、如何逗弄學生哄堂大笑，我期盼能學到他教學的奧義所在。在這幾學期的潛移默化過程中，我的教學日益進步。在授課學生與耶哥老師的推薦下，先後獲得系、院、校各級的傑出教學助教獎項。對於耶哥老師的啟蒙和提攜之情，我一直銘記在心。

　　之後歲月匆匆，轉眼間我已經回台大電機任教多載。2009 年三月底，我的同事李百祺教授告訴我，耶哥老師將於八月受邀來台於學術會議發表演講，李教授希望我們能趁這難得的機會邀請耶哥教授來系上演講。得知耶哥老師要來台，我固然相當興奮，但對於該安排什麼樣講題卻是考慮再三。

　　我回想起之前在密西根念書時，曾有工程教育學會邀請耶哥教授做教學相關的演講：「10 Things I've Learned About Teaching」（我在教學所學到的 10 件事情），記得當時這場演

講相當叫好又叫座。我想何不請耶哥教授這次也跟我們分享他二十五年的教學心得呢？在取得耶哥教授的同意後，我隨即幫耶哥教授舉辦一場暑期教學工作坊。

在決定講題時有個插曲，我問耶哥教授這次的講題是什麼？他告訴我說這幾年他對於教學又有不少體悟，所以講題變成了「21 Things I've Learned About Teaching」（我在教學所學到的 21 件事情）。他這段話實在讓我欽佩不已。試想，在教書教了二十五年後，還能一直不斷惕厲自己，讓自己在教學上有新的體悟，這需要何等的熱情？有多少人能做得到？

演講當天，耶哥老師如期到我們系上演講，系上與資工系的老師們參與相當踴躍，由此可見台大電資學院的老師們普遍對於教學都有很高的熱忱。耶哥教授的演講歷時一個半小時，他毫不保留的與我們分享他個人對教學精闢的心得與見解，在場的老師及準老師們都獲益良多。其中我個人印象特別深刻的有以下幾點：

1. 老師務必要幫助學生找到動機學習，讓學生知道修習該課程對他們未來有什麼幫助。學生要有動機，才會有自動自發的學習熱忱。

2. 老師不可過分倚賴學生之前的預修課程。學生以前看過的東西不代表學生就一定還會記得，老師務必要做某種程度的複習。

3. 作業的設計應該要跟課程進度充分配合，甚至扮演引導教學的角色。因此應於學期開始前，便完成作業與課程內容的整體配套設計。

4. 考試題目第一題應該要儘量避免出得太繁瑣，以免學生一開始考試便失去信心。

5. 考試是測驗而非學習的過程，因此題目應避免出學生以前未見過的範圍。題目的難度應該是設定在讓學生考完後，會對該題目寫不出來感到扼腕，而非只是感到一片茫然、沒有頭緒。

6. 作業題目有一整週可以解沒看過的題目，而考試卻只有兩三個小時給學生完成，因此考試題目應該比作業題目更簡單。

7. 準備新課程時，老師務必要明確定義課程目標，並在學期

開始前，預先規劃好附有詳細時間表與詳細課程內容的課程大綱。

8. 在準備完新課程後，務必要再砍掉自己準備內容的三分之一。原因主要是因為老師們在第一次備課時通常都會塞太多內容，砍掉三分之一差不多剛好。

9. 老師應體認自己的課程並不是天底下最重要的課，應該要體諒學生還有其他四、五門重要的課程得同時修。因此作業設計應以佔用學生每週一晚為限。

10. 除了告訴學生修習課程的動機外，在教每個章節時也必須要讓學生知道修習該章節的明確動機為何。不能只是說學了以後有用，而是要告訴學生學了以後有什麼用，要讓學生看得到願景，他們才會認真學習。

11. 用板書上課的話，建議剛開始時寫下今天要涵蓋的進度。上課結束前，簡短回顧當日上課的內容，並再次跟學生確認哪些內容特別重要。

12. 上課的目的是要教會學生，而非炫耀自己的知識，老師應

盡力幫助學生了解上課的內容。

13. 與學生分享，當年自己修習同樣課程時所遇到的困難與辛苦。當學生知道老師當年修同樣課程也不輕鬆時，可以有效幫助學生建立自信。

14. 教學除了教課程內容外，還應該示範如何活用課程內容來解決實際的問題。這會讓學生覺得他們真正學到有用的東西而很有成就感，從而提升學習的動機與自信。

15. 上課時要找機會跟學生互動，以了解學生學習的效果為何，進而調整教學的步調。

16. 以投影片上課時，切記勿連續上太久才下課，應讓學生適時休息以重整注意力。

17. 以投影片上課時務必注意進度勿過快。

18. 學生必須在很短暫的時間內，抓住每張投影片所要表達的內容，因此在製作投影片時，應避免在一張投影片中，塞入太多內容或算式，以避免學生失焦。

19. 上課所選用的範例應該愈簡單愈好，讓學生能很快的了解。數字應經過設計，以使計算過程非常簡單，避免學生注意力浪費在計算上，而非在理解範例上。

20. 上課時可以善用幽默感來提升學生的學習興趣，並吸引學生上課的注意力。

21. 老師在上課時務必要能樂在其中。唯有能樂在其中，老師上課才會有熱情。老師有熱情，教學才會成功！

　　離開密西根大學後，我從沒想過還能再聽到耶哥老師在教學上的諄諄教誨。有這樣的機緣，真是讓我感到非常幸運。除了幸運外，我也覺得很感動。看到耶哥老師這樣的「老仙角」對教學都還這樣的精益求精，我可以深深的感受到他對教學工作的那份熱愛。就是那份熱愛，驅使著他在教學二十五載後，依然兢兢業業的追求卓越；也因為那份熱愛，使得他願意千里迢迢而來，對一群陌生的臉孔分享他的壓箱寶。

　　我想歸根究底，耶哥老師教學的終極奧義，其實就是他這種對教學的熱情。耶哥老仙角給我們最大的啟示就是：

「只要有熱情，人人都可以成為好老師！」

大家共勉之！

14
別為創新而創新

做教學創新的根本目的，
還是在於成就學生的學習，不是為了成就自己。
在做教學設計時，先想清楚自己的教學目的，
是要幫學生建立什麼樣的能力？

雖然近年來，大家多鼓勵老師做教學創新。但是要小心，在教學創新的過程中，有時候老師會迷失，忘記了自己在做這個教學設計的初衷是什麼。以至於落入為創新而創新的窠臼。盲目的追求創新，對學生的學習不但無益，而且是有害的！

教學設計首部曲：確立教學目的

我常常強調，老師在教學設計中，一定要有其脈絡。在一開始最重要的是，老師必須知道這個教學活動的主要目的是什

麼？是要幫學生建立什麼樣的能力？這些問題，老師從一開始就必須要能夠釐清。如果一開始沒釐清，連自己都不知道教學設計的目的是要建立什麼能力，就算他後來設計的一些活動都很有趣、學生都很喜歡，那只是為了有趣而有趣，為了快樂而快樂，根本是浪費學生的時間。

以我的簡報課為例，在我的簡報課當中，有個期末專題活動，是讓學生去跟小學生報告，讓小學生投票打分數。這是一個很有趣的活動。但有趣，並不是我要他們去做的原因。我們不是為了和小學生報告而報告，而是有目的的。這個教學設計，就是希望能讓我的學生們，學會如何去了解陌生聽眾族群、如何進而與這些陌生聽眾族群做有效的溝通表達。這就是我所設定的教學目的。

一旦主要的教學目的確定了，我們就要開始設計用什麼樣的教學活動，來達成這個目的。在設計教學活動的過程中，這時候趣味性是可以進來的。這是因為教學目的已經確定了，在此前提下考慮趣味性，不必擔心流於為了有趣而有趣的無意義教學。

教學設計二部曲：學習成效的檢驗

　　除了教學的趣味性外，學生學習成效的檢驗方式也很重要。任何的教學，都要設計有效的檢驗方式，來檢驗學生是否達到老師當初所預期的教學目的。在傳統的教學中，這個檢驗往往都是由老師考測、評量學生，這樣的思維是很落伍的。在我的理念中，學習成效的檢驗最重要的部分，並不是老師是否清楚知道學生的學習成效。固然老師知道學生學習成效是重要的，但更重要的，是如何讓學生自己知道，他到底有沒有學好。

　　在新時代的教學檢驗中，學生必須要深刻的體認到自己有所欠缺，或是哪個部分需要再加強。因為唯有學生體認到自己的不足之處，他才會有動機更加努力學習。但教學檢驗是要花時間設計的。教學檢驗絕對不是只倚賴考試。這世界沒有人喜歡考試。我在設計教學檢驗的時候，常常會把我的教學哲學「By the student（BTS）」（詳見第 18 章，頁 160 ～ 164）融入設計。很多作業，我都會設計讓學生去彼此檢驗、評分。檢驗絕對不限於考試，老師可以用不同的方式，讓學生在檢驗的過程中，知道自己的學習有哪些要加強的地方。

　　舉例來說，為什麼我的簡報課程要安排學生兩兩一組，進去小學生的早自習去跟小學生簡報？因為直接讓學生去面對小學生時，他若沒有講得很好，他馬上就會從小學生的反應中發現。當另外一個同學在講時，小朋友很專心聽，而換自己上台講沒三句話，下面小朋友就開始自己聊天聊起來。這是最嚴酷的檢驗，但也因為學生從來沒碰過這樣的檢驗方式，所以他們會感覺這是很有趣、很有意思的挑戰。最重要的是在這個檢驗中，我們要讓學生親身感受到自己學習的成效、問題在哪裡，這樣他才會有改進的動機，也才會感覺到學習是自己的責任。

教學設計三部曲：溝通與動機營造

　　在教學設計中，還有很重要一塊是老師們常常忽略的，就是跟學生之間的溝通與動機營造。這也是要花時間去規劃的，甚至可以說是整個教學設計最重要的部分也不為過。過去傳統的教學裡，老師通常用自己的權威去要求學生，學生大多會乖乖照辦。但是時代不一樣了，老師光靠權威是無法讓學生認真用心學習的。

　　我發現，常常老師們設計了很好的教學活動，這個活動真的很有意義，也能很有效幫學生配合什麼能力。可是，實施之

後，教學效果不理想。老師往往會因為這樣覺得很挫折。心想，我都已經這麼努力改進教學了，為什麼學生的學習成效還是沒有起色？有的老師心裡甚至因此蒙上陰影，不願再做教學創新了。

為什麼老師的用心會沒有成效？道理其實很簡單。老師雖然非常用心，但如果學生不知道這個教學活動的意義，老師如何能達到預想的教學目標？學生只會覺得這個老師很奇怪，沒事叫我們做這個活動幹麼？

舉個例子，我之前曾經有個大學部的導生。她有次在導生會很憤慨的跟我抱怨實驗課。那次她做電路實驗，她覺得自己裝的電路沒問題，可是不知怎麼的電路就是不能用。她跑去問帶實驗課的助教，助教看了電路一眼就跟她說：「你自己再看一下。」助教並沒跟她說哪裡有問題。那個女生只好又回去自己檢查，從頭看到尾，再從尾看到頭，怎麼看就是看不出電路問題出在哪裡。結果檢查了兩個多鐘頭，一無所獲。

這時候，助教剛好經過她的實驗桌，她趕緊再抓住助教問到底哪邊出狀況。其實問題出在跟她做電路實驗的麵包板有關。大部分同學都是用一大塊麵包板在上面插電路，而這位女

孩是用兩塊小麵包板。簡單來說，如果是用兩塊麵包板，兩塊之間就要用電線橋接，但她沒有橋接。助教看了一眼就跟她說，你就是沒有橋接起來，接一下就可以了。女孩聞言照做，果然電路就真的成功了！她很生氣，一直不諒解助教，覺得助教浪費了她的時間。明明很快就可以結束，卻害她整整花了兩個鐘頭的時間。

我後來就問她：「你真覺得這兩個鐘頭一無所獲嗎？」她回我：「當然沒收穫啊！浪費我兩個鐘頭在那邊，我本來電路就是對的，後來就坐在那兒瞪著它兩個鐘頭。」我說：「錯，你收穫很大。你今天可以為一個看起來幾乎沒問題的東西，撐了兩個鐘頭。這次有那個韌性撐兩個鐘頭，你下次就有機會撐兩個半鐘頭，甚至三個鐘頭。」

於是，我跟她說了我念博士時的一個故事。曾經我的指導教授要我寫一個模擬程式，我花了很多時間終於寫好，但是程式一直有個問題，我卻怎麼找都找不到。大概整整一個多月的時間，我每天都在看那個程式，怎麼看都看不出問題來，可是我的指導教授要這個程式，那能怎麼辦？後來我就一直撐著。每天一早起來就要面對一個已經看了快一個月的程式，怎麼看都沒有錯，偏偏又找不出問題點，那真的是我這輩子最痛苦的

一個月！

　　後來終於把錯找出來。我就跟那女孩說：「你看，這就是很重要的韌性。你現在如果連坐在那邊撐兩個鐘頭都撐不下去，你畢業後工作若負責很重要的專案，要能撐好幾個月，你撐得下去嗎？」經過我這樣的分享，她就很能理解，在實驗課讓她自己找到自己電路的問題，並鍛鍊培養面對問題的韌性，對她是一件很重要的事情。

　　可是回過頭來，為什麼帶課的助教不和學生講這個事情？那位助教我認識，他也很有教學理念，可能覺得訓練學生的韌性很重要。可是就因為他沒跟學生溝通過他的理念，所以學生只會一直埋怨、一直誤會說這個助教擺爛，明明知道電路問題出在哪兒卻不幫他們解決。

　　當老師的也是一樣。老師很用心設計很好的教學方式，可是有沒有讓學生知道你的目的是什麼？你的意義是什麼？你的教學設計為什麼要讓學生那麼辛苦？讓他們辛苦，是為了幫他們建立什麼樣的能力？這些觀念若沒跟學生溝通清楚，學生只會感受到辛苦，不覺得自己會有斬獲。所以到後來就會一直抱怨老師，老師也會很怨嘆：「我為了你們這麼用心在做教學設

計，可是居然你們卻毫無共鳴，甚至埋怨。我好心痛……」

所以我覺得，教學設計中很重要的一塊，就是要付諸實行的時候，老師要提供足夠的論述，要對學生行銷自己的教學。告訴他們為什麼要進行這個教學活動，讓學生明白這教學活動的意義在哪裡、對他們將來會有什麼樣的幫助。這樣才比較能讓學生達到有效學習，也可以很快樂。以我的簡報課為例，許多學生都說那是他們大學四年來修過最重、最辛苦的課，但因為我跟學生做很多的溝通，他們都很清楚為什麼要這麼辛苦，所以他們大多學得滿快樂的。

請老師們記得，在做教學創新、教學設計時，絕對不要為了不同而不同、為了創新而創新、為了花俏而花俏。做教學創新的根本目的，還是在於成就學生的學習，不是為了成就自己。在做教學設計時，先想清楚自己的教學目的、要幫學生建立什麼樣的能力。想清楚後，再開始發揮創意，去做教學活動的設計，以及檢驗學習成效的方法。設計好後，千萬不要忘記為自己的教學設計產生一套論述！透過這套論述，對學生（以及家長）做良好的行銷與溝通，營造他們的學習動機。接著才是實施你的教學設計，並根據實施結果反思改進。只要有這樣完整的教學設計脈絡，老師的教學創新，一定會成功！

15
案例分享 1 修課有如上線打怪！

_有同學像沉迷線上遊戲似的沉迷在機率課的學習！
啟動教學創新，讓學生更有動機學習，
天底下沒有比這更有成就感的事了！_

2001 年後，我在密西根大學念博士當助教，開始了我的教學生涯。隨後在密大擔任講師、回台大電機系教書，時間匆匆的就過了十五年。在 2001～2010 這十年當中，我的教書理念所追求的是「把課講述得很清楚，讓學生聽得很有趣」。我一直在這樣的路上前進，在教學上也得到相當的快樂，2010 年，還僥倖的獲得了台大教學傑出獎。當時我在心裡自問，把東西教得清楚有趣，我是不是已經做得夠好？我反思過後，覺得是的。

那問題來了，在這之後，我在教學上的追求該是什麼？經

過不斷思索，我逐漸清楚接下來該追求的是什麼。在教書十年
之後，我的新理念是要用教學創新，讓每位學生都能有學習動
機！這會是一輩子的功課，因為學生每五年就換了一個世代，
每個世代的思考方式都不同。現在能引起學生動機的教法，過
五年可能就沒有效果了。所以如何讓學生真正有熱情、有動機
學習，是每一個老師一輩子的功課、一輩子的追求！

提升動機，BJT-Online 上線

　　新的教學理念成形之後，我剛好開始準備下個學期要教的
電機系必修課「機率與統計」。該如何讓學生有學習動機呢？
看著電視一堆線上遊戲廣告，我突然有了一個念頭：如果我把
課變成線上遊戲，學生會不會比較有學習動機？現今的年輕世
代被稱為「數位世代」，遊戲已經成為這世代每個年輕人生活
的一部分，如果我把課程跟遊戲結合，那他們的學習動機肯定
會提升。有了這個想法之後，我開始打造我們的線上遊戲網
站。這當中多虧了我的研究生姜哲雄、唐偉軒的幫忙，因此我
取了我們三人英文名字的首字母，將之命名為：BJT-
Online ！

　　BJT-Online 的遊戲，主要是建構在課程作業之上。在台

大，有很多同學習慣每學期修很多學分。當同一時期得應付很多課程時，學習方法往往會走偏，因為缺乏足夠的時間來好好做作業。同學常會看作業的式子，再去比對是從課本哪個章節片段出來的，然後就只片段的看課本那部分後，急著寫作業。另外，也會有人參考坊間賣的習題解答。為了改變這些流弊，我的設計是：「我不出作業，讓學生自己出作業！」

　　讓同學分組出完題目之後，我們有一週的時間讓各組去攻破別人的題目。我們的系統會即時的讓大家看到每組攻破哪些組，如圖一所示。當同學看到別組陸陸續續攻破很多組題目時，他們就會有迫切感要開始趕快做作業。攻破愈多題目，分數就會愈高。在我們的地圖上就會跑得愈快，領先別人愈多，如圖二所示。

　　為了獎勵大家設計好的題目，我們還有票選最佳出題的設計。故意刁難人的題目通常都不會受到青睞。被票選最高票的組，會得到數百分的獎勵。而投給設計最好的題目的這些組，也有樂透彩的方式讓他們得到額外的加分，獎勵他們對於題目的「好品味」。另外上課抽問同學也可透過 BJT-Online 隨機選組出來回答，答對也可以得到 BJT-Online 的獎勵分數。我還記得第一年用 BJT-Online 上課抽問同學時，有同學因為我

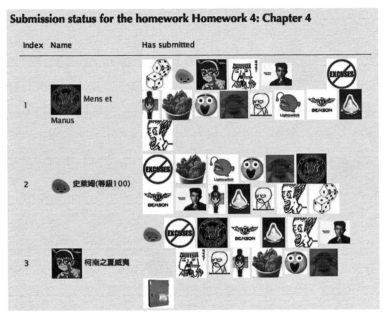

圖一：BJT-Online 即時戰報

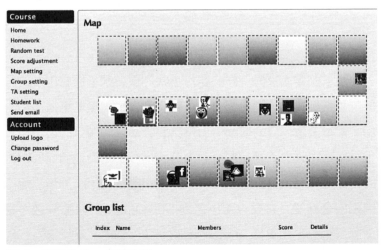

圖二：BJT-Online 成績地圖

按得太快，本來選到他們又跳過了變別組，他們因為沒被抽問到而跟我抱怨。居然有同學跟我抱怨上課抽問沒抽到他們！我聽了真是太高興了！

透過這個遊戲，學生的學習動機提升了。除了遊戲本身的趣味跟競爭性之外，把傳統課程老師出題、批改的權力下放給學生，也是讓他們提升動機的主要原因之一。這跟走紅的素人節目「American Idol」、「星光大道」的原因是一樣的。以學生為主體的學習，會讓他們更有興趣與動機，這也就是我常說的「素人教學」。

另外，因為分組的關係，同組的同學如果有人擺爛會影響整組的戰績，所以同學們會互相提攜。在使用這個系統後，學生們考試成績很明顯的標準差變小了，平均成績也提高了。同學對於題目的品味也提升了，圖三即三位同學林鼎棋、魏振宇、黃俊衡所設計的題目。一個機率的題目可以把蘇格拉底跟柏拉圖對愛情的看法入題，這是多麼的令人驚豔！

當然，其他同學的題目也都是超級有趣。每次作業出題期限到的時候（通常是半夜三點），我半夜在床上檢閱同學上傳的題目，動不動就狂笑不止。被我吵醒的太太，常常覺得我半

柏拉圖有一天問老師—蘇格拉底：「什麼是愛情？」

蘇格拉底叫他到花園中走一趟，並在途中摘一朵最美麗的玫瑰花回來。只准摘一次，不准回頭走，但這座花園的道路是一直線，也就是說每朵花一旦錯過了就沒有機會再看到。蘇格拉底覺得柏拉圖應該會因為害怕下一朵花可能更加漂亮，而遲遲不敢摘取，最後空手而歸。他便可以趁機對柏拉圖講述他對愛情的哲學理念。

但聰明的柏拉圖自有他的打算，他其實偷偷知道這座花園裡面只有八朵玫瑰花而已，所以他用了一個策略，來提高他拿到最美麗玫瑰的機率。

首先將沿路上最先看到的三朵玫瑰花都當做參考樣本，無論如何都不要摘，接下去只要看到比這三朵更漂亮的花，就直接摘，不再猶豫下去。

假如依照柏拉圖的策略，他拿到「最美麗的玫瑰花」的機率是多少呢？

圖三：林鼎棋、魏振宇、黃俊衡三位同學機率題目設計成果

夜不睡，亂笑一通，像個瘋子。這點流弊倒是我當初意料不到的。

過去兩年，我曾陸續將我的設計與許多科系的老師分享，目前也有老師用在他們自己的課程中。我也曾與國外老師分享。美國萊斯大學（Rice University）電機系的 Ashutosh Sarbarwal 教授就把我的設計應用在他們的消息理論課程中，他告訴我：「It was a big hit!」（課程大成功）有些老師的課可能不適合由學生出題，老師也可以改變方式，讓學生自己從不同的教科書中找出他們覺得最好的題目，做出解答後上傳到系統給其他組做。我試過這種方式，學生非常認真地遍覽群籍找好題目，效果很不錯！

在某個學期期末考週，所有同學水深火熱的準備八、九科考試的時候，我在臉書看到一位同學所寫的動態。他說：「期末考快到了，還有四題 BJT-Online 的題目沒有解完。再解下去，信號與系統跟電磁學就不用考了，感覺頗糟的。」隔天，我看到他的臉書寫了：「忍不住又多解了兩題 BJT-Online 的機率。」

看了這位同學臉書的動態，我當時真是感動到眼淚快掉下

來。真的有同學像沉迷線上遊戲似的沉迷在機率課的學習！啟動教學創新，讓學生更有動機學習，天底下沒有比這更有成就感的事了！

16
案例分享 2 台大簡報怎麼教？

只要不違反法律規定、只要能幫助我們完成教學目標、
教出學生的核心能力，任何方法都是好方法！

某年冷冽的十二月底，龍安國小某班的早自習，碩一黃冠彰同學正在台上跟小朋友講解 LCD 成像與 RGB 三原色的原理。冠彰哥哥在跟小朋友介紹完三原色可以搭配出任何顏色後，突然說起故事來：有一天魯夫（漫畫《航海王》主角、「天龍國」一詞源起）跟夥伴在偉大航道中遇到著名怪獸皮卡丘（口袋怪獸主角）。皮卡丘最怕黃色的光砲，可是魯夫手邊只有紅色跟綠色光砲，請問小朋友怎麼辦？小朋友們馬上七嘴八舌的說：「將紅色光砲跟綠色光砲一起啟動，便可以合成出黃色光砲打飛皮卡丘！」冠彰哥哥誇獎小朋友真是太棒了。此時，突然出現一個稚嫩的聲音：「可是皮卡丘很可愛ㄟ，幹麼打飛牠啦！」

　　這是台大電機系課程「簡報製作與表達」的場景之一。這門課是少有的以體驗式教學，讓同學學習簡報重要概念的課程。之所以開授此課程，其實源自於我在密西根大學教書時所受到的震撼。當時是我念博士的第四年，系上有門課因老師出缺而由我講授。在那門課的學生期末專題報告時，我發現每組學生投影片跟簡報都非常專業。美國學生的表達能力大多比亞洲學生好，這我是知道的，但每一位都這麼專業？可著實嚇到我了！我忍不住詢問熟識的美國學生，為何大家簡報都這麼好？這麼專業？

　　他說，因為有門必修課「Technical Communications」，教他們怎麼做簡報，並要求每位學生，必須連結自己該學期某課程的學期專題簡報，一併做為該課程的期末成果。聞言，我十分的震撼，也不禁感嘆美國頂尖大學教育實在領先台灣許多！當台灣的大學教育多半著重在專業知識、專業能力的訓練時，美國大學已體認到只懂專業是不夠的，簡報與溝通技巧必須列為必修加以鍛鍊。當時我暗自告訴自己：如果有一天能回台灣教書，我一定要推動簡報與溝通的訓練。因為就像美國領先台灣一樣，我認為這種軟技巧（soft skills）將是台灣年輕人與世界各國年輕人競爭的重要關鍵！

簡報，不能用「教」的

　　2005 年，我回台大任教後，因同時開授數個電機專業課程，所以開設簡報課的念頭，遲遲無法付諸實現。期間，我常在某些專業課程中，以一週三小時的講演時間，跟同學講授簡報的重要觀念，學生反應都非常好。但是，我發現了個大問題。例如，我在講演時常告訴同學 eye contact（眼神接觸）非常重要，眼神閃爍或是不看觀眾，都會讓觀眾對講者的可信度有所存疑。同學聽我說的時候，往往都點頭稱是。可是一到期末專題報告的時候，台上同學看天、看地、看電腦、看螢幕，就是不看台下的觀眾！

　　這樣的教學經驗讓我體認到，簡報是不能用「教」的！不管學生聽了簡報概念，覺得再有道理，他們還是很難融入實際的簡報行為。因此簡報教育必須要有革命性的設計才行！可是該怎麼做呢？思索多年之後，我的答案逐漸浮現：「以戰養戰」！但說來容易，到底怎麼做才能創造出「以戰養戰」的環境，讓學生得以在一學期中快速提升簡報能力呢？對於不同的簡報概念，我該怎麼設計對應的體驗式教學法，才能讓學生真正體會、進而融入自己的簡報習慣？在 2006 ～ 2009 三年當中，這些問題在我腦海裡一直縈繞不去。三年下來，諸多想法

慢慢成形，對於開授簡報課程的決心也愈來愈篤定了！

經過三年的構思，在 2009 年的秋季，我覺得自己終於準備好了，「科技簡報製作與表達」也隨之誕生！課程的精神是以體驗的方式讓同學自然而然學會做簡報。課程的主軸特色有四樣：

1. 讓學生體認簡報是一種藝術

每學期第一堂課，我都會跟同學強調：「簡報是一種藝術，不是一種科學！」科學往往只有一個被廣為接受的答案，藝術則不然。以作畫為例，畫畫不該有一個標準的畫法。你要怎麼畫都行，只要大部分人都喜歡你的畫，那就是好畫。簡報也是一樣！只要大部分人都喜歡你的簡報呈現方式，那就是一個好簡報。

話雖如此，但如何讓同學對此真正有所體認呢？如何讓他們在簡報時不要只在乎老師，而是真正在乎所有聽眾呢？又該如何讓台下同學能真正用心去聽簡報，而不會台上台下交相混，三個小時睡成一團？為此，我們開發了一個線上同儕評分系統（Electronic Peer Evaluation System, EPES） 如 頁 147 圖。每次簡報課前，我可以設定數個問題（例：「投影片製作

水準？」、「肢體語言與表情？」）。當同學在台上簡報時，台
下所有聽眾便會同時上網針對這些問題輸入分數與文字意見。
同學一簡報完，馬上便可以看到自己的分數排名以及聽眾意見
的彙整（匿名）。這種即時性的分數與意見回饋，可以讓同學
對自己簡報表現記憶猶新時，馬上比對、檢討、反省。對於簡
報技巧的進化，非常有幫助！

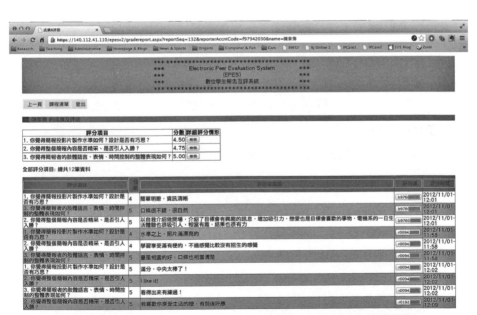

圖：開發線上同儕評分系統（EPES）以提供簡報同學即時性的分數與
　　意見回饋

　　另外我們在學期初就昭告所有同學，他們的學期成績完全由每次聽眾的評分來決定。觀眾給越高分，學期成績就會越高。很自然的，同學開始非常在意每次簡報所有聽眾（而非只是老師）的反應。而台下同學也因為身負打分數的重任，大家對於台上的簡報非常專注，不會台上台下交相混。台上用心講、台下專心聽，每節課下來，大家都有很大的收穫。

2. 讓學生從活動體驗重要概念

　　過往經驗讓我體認到，只靠老師上課「教」簡報觀念是沒用的。以 eye contact 為例，如何讓學生真正把 eye contact 融入簡報習慣中，實在不是件容易事。幾經思索，我設計了一系列的體驗式學習法 Yeh's Eye Training（YET），可以在一節課中改造同學的 eye contact 習慣。

　　在 YET 中最有趣也最有效的一個設計，就是讓同學輪流上台做兩分鐘的短簡報。在簡報前，先請簡報同學離開教室一下。教室內的同學，馬上抽籤決定待會要扮演的角色：聽不懂（二名）、度估 [13]（二名）、開心（二名）、不認同（二名）、無反應（其餘眾同學）。抽到角色的同學，在接下來同學簡報的

13　台語，打瞌睡。

兩分鐘時間內，需一直扮演該角色。抽完籤後，我們讓教室外的同學回來，告知他在簡報兩分鐘內，必須找出八名角色扮演的同學是哪幾位、扮演的各是何種角色。到時答對幾個，就得幾分（算入學期成績、非兒戲）。通常同學在 YET 活動中，都會拋棄矜持。從第一秒開始就不客氣的一再直視、掃視台下所有人的面孔，直到最後一秒為止！

在如此不客氣掃視眾人的兩分鐘體驗後，這樣的經驗便會融入同學的簡報習慣。大多同學之後上台簡報，便不再羞澀、不再迴避觀眾，效果非常棒。除了 eye contact 之外，對於肢體語言、聲音表情等重要的簡報議題，我也都設計了相應的體驗式教學法，幫助同學學習。這些方法除了有效外，也非常有趣。我們的課堂常常因此而充滿笑聲，真正達到寓教於樂！

3. 讓學生知道要把聽眾擺第一

2014 年下學期的簡報課，我在學期中跟同學宣布：期末的專題簡報是跟台北市龍安國小合作，每一位同學選一個自己科系的技術，向高年級小朋友做十二分鐘簡報。在每個班級的早自習，安排兩位大學生去簡報，簡報完當場由小學生針對「哪個簡報比較好」來投票。每位修課同學會被安排三次左右的早自習演講。期末專題成績就由自己得到的平均票數決定。

成績前五名的同學會進入總決賽，在龍安國小大禮堂面對十幾班，四、五百名小學生演講。演講完再由小學生決定名次。

　　跟同學宣布完後，同學紛紛表示這太殘酷了吧！我也看到不少同學有著驚慌的神色。我跟同學說，在他們日後職場上，對主管、老闆簡報時，簡報的評價不會是一個百分比的分數。在老闆心中，簡報不是好，就是爛。我就是希望同學能感受到：「人生，就是這麼的殘酷！」下課後有同學匿名跟我說：「老師，我修這門課是想學怎麼做專業的簡報，不是為了替電機系宣傳、也不是為了學會如何取悅小學生。」我在課堂上藉此回應同學：「老師告訴你們一個祕密，這個世界最難做的簡報，就是面對一群很有權力、但程度很差的人做簡報！」為了讓同學以後能夠面對這樣的挑戰，所以我去找專業程度跟大學生有所落差的小學生當聽眾（不過我後來發現，龍安國小小朋友的程度遠超過我的想像）。另外，我也賦予小學生決定大學生期末專題成績的權力。我的目的是讓同學經此一役後，未來簡報即使碰到程度不好的客戶或主管，也能充滿自信：「小學生我都搞得定了，更何況是大人？」

　　讓同學知道活動的意義後，我們便開始緊鑼密鼓地進行。我首先安排一個聊天會，將大、小學生合在一起分組座談。我

鼓勵大學生儘量挖掘一些有助於他們準備簡報的情報。比如說：小五生、小六生數學跟自然教到哪裡？他們都看什麼卡通？他們都對什麼戲劇有興趣？我要讓大學生了解到：「一個成功的簡報者，必須要事先針對自己的聽眾好好蒐集情報、好好了解他們，進而做分析、訂策略。」經過修課同學的努力，最後活動非常成功，也出乎意料的有許多媒體主動來採訪「大學生做簡報、小學生打分數」的活動，更令我高興的是，同學們對於期末的活動都很投入，也都覺得獲益匪淺、功力大增。那兩個星期在清晨寒風哆嗦中陪著同學參加早自習簡報，實在太值得！

4. 幫學生建立面對世界的舞台

光是讓學生學會做簡報，還不夠。我們要幫學生找到一個舞台，讓他們面對世界，他們才會真正的感受到他們所學是有用的。讓他們覺得很有成就感，他們才會有動機，願意投入心力學習。為了這個目的，我創辦了「台大盃簡報大賽」，邀請全台灣的大學生跟我們簡報課的學生，來同台競技，由網民大眾評分。入圍決選的學生，我們還為他們舉辦 TED 演講、UDN 青年論壇，讓他們可以對世界發聲。透過這項活動，簡報課的學生們學了更多。最特別的是，他們在真實的去體驗世界、跟外界競爭、被世人評比之後，才會發現自己真正的不足

之處。讓他們自己去面對世界、去感受自己的不足，這比老師一直告訴他們還不夠好、還要更努力，有用一百倍。他們也因此更加的拚命，好讓自己更進步。

除了簡報大賽外，我們其他的作業也經常由網路上大家的評分來決定。比如說，為了快速提升同學們的 PPT 技術，我們每年都有一個網路上很著名的作業「台大簡報課 PPT 動畫設計大賞」。大家只要在 YouTube 上搜尋，就能看到修此門課的同學用 PPT 所做出來的每一段動畫。他們這個作業的評分是由 YouTube 的讚數與瀏覽數來決定的。這種把作品放到世界的舞台，讓世界來評比的方式，使得他們每一位都投入非常多的心力，儘管十分辛苦，但看到自己的作品被許多人喜愛、讚賞，同學們也因此得到很多的樂趣與成就感。幫學生建立面對世界的舞台，真的很重要！

除了以上的主軸特色，我們的課程還有許多很有趣也很有效的教學方法，限於篇幅無法一一呈現。每年的評鑑結果都得到同學相當好的評價。但最讓我開心的是，從學期初到學期末的一次次簡報看下來，可以看到同學們非常明顯的進步。這讓我覺得非常的欣慰、非常有成就感。多年的構思與籌劃，至今總算開花結果！

　　正如我演講常提到的，Sky is the limit!（毫無限制，希望無窮）我們許多人在教書的時候，往往都是以前老師怎麼教我們的，我們就怎麼教，久而久之甚至開始形成一種僵化的思維，覺得教書就應該是怎麼教才「對」。多年的思索，讓我領悟到，教書是沒有限制的。

　　誰說教書一定要在教室？
　　誰說打分數一定要老師打才行？
　　誰說期末專題不能給小學生評分？

　　只要不違反法律規定、只要能幫助我們完成教學目標、教出學生的核心能力，什麼方法都是好方法！

　　Sky is the limit! 打開心上的枷鎖，你會發現教學創新的道路，無比寬廣！

17
以教育科技，弭平教育落差

全世界教育，當今都面臨兩大嚴重課題：
數位世代的學習動機不足，與教育資源不均。

　　所謂的數位世代，許多人一出生就被手機等科技產品圍繞，從小看動畫、打電動長大。對數位世代而言，傳統學習模式很難引起學習動機，因此愈來愈難專注於學習。另外，現今教育資源嚴重不均，造成偏遠鄉區、窮困孩子在學習上，愈來愈落後於都會區相對富裕的孩子們。

　　四年前此時，台大與均一教育平台主辦全台首次的中小學翻轉教育工作坊。以此為開端，台灣開始了一波由下而上、教師自主改變的浪潮。這一波浪潮，也使得之前許多老師耕耘許久的的資訊融入教學、行動學習、混成教學等運用教育科技在中小學教育的趨勢，更加的蓬勃發展。

　　當時教育界曾有個疑慮：當教育科技被普遍使用時，會不會反而加深城鄉間的教育落差？會不會都會區的孩子因為有這些線上影片而學得更好？偏遠鄉區的孩子會不會因為上網不易而持續被拋在更遠的後頭？

　　四年過去了，當初的疑慮如今看來，又是另個光景。

　　這四年來，匯集小學、國中、高中學科最多教學影片與互動答題內容、華文世界最重要的均一教育平台，註冊人數成長到九十九萬！宜蘭、苗栗、屏東等許多偏遠鄉區的老師，密集的使用均一平台在落後孩子的補教教學。許多孩子因為使用均一平台而在課業進步許多，漸漸的不再需要補救教學。根據台大經濟系林明仁老師的數據研究更顯示，均一平台確實幫助許多弱勢孩子在學習上的進步！

　　另一個 PaGamO 遊戲式教育平台，全台有近七十萬名，三～九年級中小學師生註冊。教育部資科司單一帳號登入（Openid）整合服務，讓許多老師得以使用線上資源。PaGamO 廣泛用於一般教學與補救教學，也被用來幫學習障礙孩子有很大的進步。在桃園復興鄉、雲林、彰化、花蓮等偏遠鄉區的老師，發現以往學習無感的孩子，現在因為

PaGamO 而願意翻書找答案。另外很多老師使用 PaGamO 與寒暑假作業結合，確保學生放假有少量多餐練習，減少了弱勢孩子假期滑坡 [14] 的問題。

在過去四年，諸如均一教育平台、PaGamO 這類教育科技產品的出現，裝備了老師們的教學工具，得以讓難以專注學習的數位世代、教育資源不足的弱勢學生，重新開始有動機學習。教育資源不足的地區，也因為均一平台上的優質教學影片，讓孩子也能浸潤在好的課程。

然而，教育科技團隊必須謙卑。就如同我演講常跟老師們說的，過去沒均一、PaGamO 時，熱血的老師若遇到已放棄學習、把門關上的弱勢孩子，老師再怎麼會教也沒用。教育科技給老師的，其實是一把鑰匙，讓原本放棄學習的孩子又願意把門打開，聽老師講。這門還會不會關起來？還是會！會不會關，關鍵還是在於老師本身的教學能不能真正打動學生！

14　原為「暑期滑坡」（Summer Slide）。此說法源自美國約翰霍普金斯大學於 2007 年的研究，研究發現中小學生在暑假後，學習能力出現下降。低收入家庭的孩子，閱讀水平及串字能力會倒退，而高收入家庭的學生，閱讀能力則一般會稍微提升；但數學演算能力會倒退兩個半月。

　　以教育科技弭平教育資源的落差，過去四年已見成效。但教育科技界必須謙卑，知道這不是教育問題的終極解方。唯有老師能善用科技、設計出最適合學生的教學，那才是讓學生熱愛學習的真正關鍵！

Part IV
BTS 教學篇

————————

老師只要將平常在握的教學權力（出題、評分、授課），
部分下放給學生，學生就會覺得自己對學習有更多的主導權。
他們對於課程的學習也將會更有動機、更有興趣！

18

For the student! By the student!
Of the student! [15]

我一直以為教學只要力求清楚有趣，
學生自然就會有動機聽。
其實並不是這樣的啊！

現今很多老師的教學理念都是：「For the student! By the teacher! Of the student!」許多老師為了學生，辛辛苦苦地把一切東西都準備得好好的，替學生設計了各式各樣的教材、作業、題目。一切的工作都是老師獨力在做，但為了學生做了這麼多，卻常常得不到學生的肯定與回應，學生的學習效果也不如老師預期的好。為什麼呢？

15　衍生自美國第 16 任總統林肯《蓋茲堡演說》（*Gettysburg Address*）中的「of the people, by the people, and for the people」，也是我們所熟知的「三民主義」，國父譯為民有、民治、民享。此處暫譯為「勤學、自學、樂學」，簡稱 BTS。

　　箇中原因就在於老師剝奪了學生學習的主動權，以至於學生失去了學習的樂趣，也失去了學習的動機。試想，一個人每天都被硬塞大魚大肉，他對於吃還會有什麼欲望嗎？我們該做的是讓學生餓！（Starve them! Don't stuff them!）讓學生重拾學習的主動權！只要將我們老師平常在握的教學權力（出題、評分、授課），部分下放給學生，學生就會覺得自己對學習有更多的主導權，也會對於課程的學習更有動機、更有興趣！

　　教學生涯的前十年，我的教學理念就是追求「Be clear! Be fun!」（講得清楚且幽默風趣），直到我僥倖得到了台大的教學傑出獎。因為歷年得獎的都是台大教學素負盛名的前輩們，能與這些前輩齊名，對我是很大的鼓勵！

　　那時我似乎開始有了一種錯覺。就像武俠小說一樣，覺得自己的教學似乎……已臻化境？頒完獎後的隔兩天，我在教室上課。當天我依然使出渾身解數，盡可能的把課上得清楚、有趣。可是，我不由得注意到後排有三、四位同學，一直在「度估」。等等，不是教學已臻化境？怎麼還會有人度估？！以前學生上課度估，我也不以為意；但現在看到那些度估的人，就很像不小心看到液晶螢幕壞點後便不由自主一直往那裡瞧。那天，那些上課度估的人一直進到我的眼簾。我心裡一直在想：

「怎麼會有人度估？不是教得很清楚又有趣，怎麼還會有人度估？」

已臻化境？其實道行還淺

當晚我因此輾轉難眠，苦思到半夜才突然想到：「原來他們就是沒有學習動機啊！」對於沒學習動機的學生而言，老師教得再清楚、再有趣，他也不會想聽。我一直以為教得清楚有趣，學生自然就會有動機聽。其實並不是這樣的啊！

該怎麼樣才能燃起學生的動機？該怎麼樣才能讓他的動機熱烈持續一整個學期？這些才是教學能否成功的關鍵！在那當下，我才驚覺自己在教學上的道行實在太淺。想到自己竟曾生起「已臻化境」的念頭，不禁冒了一身冷汗！真的感謝四年前在我課堂度估的同學們，是他們點醒了我。我的教學理念從此改變！從那一夜起，我在教學上開始追求「如何讓學生能持續有動機學習」。

究竟該怎麼做才能提起學生的學習動機呢？這個問題一直苦惱著我。恰好在同一個時間，我也被另一個問題苦惱著：「如何解決常見的作業抄襲問題？」

　　根據我去台灣各地演講訪查的結果，發現台灣大學生的作業抄襲問題非常嚴重。學生抄作業固然不對，但也有其背後的原因。主要是台灣大學生必修學分太多了，一學期得修二十幾學分，共八、九門課，遠比美國大學生四、五門課多很多。一學期修八、九門課，學生根本沒有時間好好去思考，更別說去把作業好好的磨出來。一個題目如果花了兩三分鐘還做不出來，很多人便會去看習題解答。因為同時要兼顧好多科目，沒辦法單單只在某科某題作業上冒險花那麼多時間。因此學生或是抄襲直屬學長學姊過去留下來的作業答案（學生稱之為家產），或是抄襲現役同學的作業答案，或是抄襲學校旁影印店所賣的各科教科書習題解答。

自訂題目上線，互相攻克

　　那該如何解決這嚴重問題呢？我想到了一石二鳥的方法！我決定把作業變成一種多人的線上遊戲。每教完一個章節，我就讓學生自己設計作業題目，然後互相攻破別人題目。攻破越多題目的人，在地圖上就越領先大家。由於題目都是每組學生自己設計的，同學想抄答案也沒得抄，只能被迫好好自己去思考如何按部就班的解出別人的題目！就如本書第 15 章〈修課有如上線打怪！〉（頁 135 ～ 142）所述，2011 年下學期，我

們的多人線上遊戲平台「BJT-Online」正式上線。

　　BJT-Online 這個出題互解的線上遊戲，一方面因有遊戲的元素使得學生非常投入，另外一方面也因為題目是靠學生自己出題，所以學生花了更多時間研讀課本內容，期能找出好的材料來設計好的題目。另外我也發現學生透過自己設計題目的經驗，他們對於題目隱藏架構的洞察力和解題能力，都有顯著提升！

　　這種讓學生出作業的教學方法，後來收到很大的成效。學生學習效果較我以往傳統式的教學進步很多。學生的學習動機也大幅提升。從這種教學方法之後，我又衍生出許多教學方法：讓學生評分、讓學生設計課程、讓學生決定學習步調等。我這一系列的教學方法，都有我的新教學理念貫穿其中：「For the student! By the student! Of the student!」

　　老師，我們不需要再把自己搞這麼累了！辛苦半天，卻像個不被感激的老媽子一樣，何必呢？就給點空間，讓學生在我們引導下，胡搞瞎搞一陣吧！這樣學到的東西，才會真正是他們的！

19
Learn by the student

讓學生胡搞瞎搞。胡搞瞎搞會失敗，但就是因為失敗，
學生才會想知道 state of the art 到底做得多好？
又是怎麼被做出來的？

　　在教學的過程中，我們常常會忘記，建構知識其實是學生的責任。傳統的講述式教學常常都是老師說得口沫橫飛，台下同學則昏昏欲睡。就算學生沒有睡著，學生只學到知識，根本沒有學到如何建構知識，更別說引發學習的動機了。BTS 教學最重要的目的，就是要培養學生自己建構知識的能力。怎麼做到？這就是我們這邊要來探討的「Learn by the student!」

　　我的專業是無線通訊，在這個領域會用到很多很天才的數學設計。好幾年前教課的時候，我常常會在課堂上說：「這個理論水！」「這個推導太漂亮了！」「這個數學好美！」可是台

下的學生有共鳴者，幾希！每次看到自己在台上嗨，可是下面一片沉寂時，就會覺得自己只是在台上自我感覺良好，實在很悲哀。

因此我下定決心要用不一樣的方式來教。We can do it differently! 怎麼做？

強迫思考，自行發想

我以通訊很重要的資料壓縮理論為例。我們在跟人通訊的時候，資訊在傳送之前都會先被壓縮過才傳出去，這樣可以減少通訊所需的頻寬。怎麼做壓縮，其實用到很多數學很巧妙的設計，但學生都沒有感覺。所以我改了一個方式來教。我不教，我讓他們比賽！

如何開始呢？

我告訴學生，我們這學期舉辦「親愛的！我把檔案變小了！」的比賽。我把學生分組。分完組後，我給他們一篇英文文章，要求各組在兩週內設計出自己的一個方法，把英文字母用位元來代換。比如說：英文字母 A 用 011 表示，英文字母

B用1101表示等等。同學設計什麼方法都行，但有兩個條件：

第一個條件是，當英文文章被轉換成一連串的位元資料時，他們設計的方法，必須是要能夠把英文文章從轉換後的位元資料還原。如果原本的文章無法還原，這樣的壓縮方法誰還敢用！

第二個條件是，同學在設計的過程中，完全不能去查書、也不能去網路搜尋。為什麼？因為現在的學生都很會利用線上的資源找答案，但在找答案的同時，也失去了思考的機會。我曾經問過學生，在大學四年內曾為了一個問題想超過四個小時的人舉手，結果舉手的人寥寥無幾。這就是我們現在教育的一大問題：「學生很會找答案，以至於缺乏思考的機會。」為了強迫學生思考，所以我這個比賽不准他們查資料。要他們完完全全靠自己去發想、去創造。

我要學生在兩週後將他們發明的方法寫成程式，我會再給他們三篇英文文章餵給他們寫的程式做轉換，到時候看哪一組的程式吐出來的位元是最少的，那就表示他們的壓縮方法最成功！我會再請他們吃飯做獎勵。雖然是在兩週後驗收，但我先要求他們在一週後把他們發想的初步方法跟同學們分享。

一週後，我看他們在台上的分享，感動不已。為什麼？第一是他們分享的方法都很粗糙，跟課本裡面大師的巧妙方法不同。這代表著，我跟學生說明不讓他們查書的目的是為了訓練他們思考，他們真的都有聽進去！這也再次證明了，師生間關於教學目的的溝通，真的是非常的重要！

第二個讓我很感動的是，學生真的靠自己摸索出許多發現。比如說，許多大師的資料壓縮理論都有一個共通的原則，就是像 A 這樣很常出現的英文字母，我們應該用越少的位元去代換它。但像 Z 這種很少出現的英文字母，若是用比較多的位元去代換它，對大局的影響有限。這個重要的原則，我看到很多組的同學都靠自己的觀察、思考，摸索出來！我更高興的是，甚至有一組學生跑來找我說：「老師，我們一直觀察這個英文文章，然後我們發現到在英文文章裡，s 跟 t 這兩個字母常常一起出現！我們覺得應該要在原來的 26 字母外，另外多加一個 st 來考慮！」學生能靠自己的觀察，做出這樣的結論，這是多麼令人感動的事情！

兩週後，同學們完成他們的程式，經過彼此的 PK 之後，終於產生比賽的贏家。做得好的同學，他們設計出來的方法，完成度都很高，跟課本中大師的方法有得拚。當然也會有的同

學沒有做得很好，方法看起來還是有點原始、粗糙。這時候，學生會很想知道，到底書上的方法或是現有的壓縮技術都是什麼樣的？跟他們的方法比起來，誰比較好？這時候我再給他們學習的材料，好讓他們了解大師的方法。

從胡搞瞎搞的過程，獲得自信與品味

就在這個階段，有趣的事情發生了。之前比賽做得好的同學，他們在讀大師的方法時，有時候感嘆自己生不逢時，若早個三、四十年生，課本上這方法或許就用自己的名字命名了。但最重要的是，看到自己的方法跟大師的方法成效相近，學生便產生了成就感。他們心裡想著：「原來，靠我自己想，也可以想出很不錯的方法啊！」於是，他們得到了「自信」。

前面也說到，在比賽中還是會有些做得沒有很好的同學。他們在看大師的方法時，以前都沒有感覺的。現在看到大師巧妙的設計時，他們開始有能力去欣賞這當中的奧妙。他們心裡想著：「怎麼我的方法跟大師的方法比起來這麼粗糙？大師他怎麼想得到這麼巧妙的方法？真的太美了！」於是，他們得到了「品味」。

人就是這樣，直接教他好東西，他未必領情。一定要自己搞砸了，才會真的想要去了解人家到底怎麼有辦法做得那麼好？這就是人性。透過我們 BTS 的方法，我們先讓學生胡搞瞎搞。胡搞瞎搞會不會失敗？會！但就是因為失敗，學生才會想知道 state of the art（最先進）到底做得多好？又是怎麼被做出來的？在過程中會發現自己的不足，然後才會想去學。學生的學習動機就這樣被點燃，這就是「Learn by the student」的威力。

相對於傳統的填鴨式教學而言，BTS 教學法是一個真正人性化的教學方式。而且更重要的是，做得好的同學得到「自信」，做不好的同學也得到了「品味」。人人都有收穫！每個人都從這當中得到了學習的成就感！這是傳統教學光靠考試分數去逼學生讀書所得不到的！

曾經有一位同學，在我採用這樣的教法後，在匿名的教學評鑑意見寫給我：

「開始認為，我沒有什麼真的做不出來的東西。只要給我時間，一定能做出一點東西！」

　　在我看到這個匿名意見的當下，內心感動到無以復加。不管以後碰到什麼問題，他都有自信可以解決。這不就是我們想要培養學生面對未知問題的自信嗎？我們當老師的，不就是要培養孩子這種一輩子帶得走的自信跟能力嗎？

　　老師們想不想也來一起培養孩子的自信跟能力呢？一起來BTS吧！

20
Assign by the student

————————

讓學生設計作業，
會比直接給學生做習題，學到更多的東西。
而且，也會讓學生對學習更有興趣，
更有動機去做系統性的學習。

BTS 教學法的另一個重要的設計，就是讓學生自己設計作業。讓學生設計作業，會比直接給學生做習題，學到更多的東西。而且，也會讓學生對學習更有興趣，更有動機去做系統性的學習。這就是我們所謂的「Assign by the student」。

亞洲許多國家的教育都有一個迷思，都以為教得愈多，學生就學得愈多，以至於學生所學的科目、學分數都很多。以大學為例，台灣的大學生一學期修的科目數量是美國的將近兩倍，大陸的大學生修的課更多。在這種情況下，學生對於課業

往往都是以應付的心態去面對。為了生存下來，有很多人的作業都是用抄的。

　　一個好的作業，是可以有教育功能的，它可以讓學生學到老師或課本沒有教到的東西，但這是需要花很多時間去精心設計才有的效果。對一般老師而言，作業通常只剩下驗收學生學習成效的意義。問題是，當學生作業都用抄的時候，作業連最後僅存的驗收意義都失去了，非常悲哀。

　　難道，作業不能發揮更大的效果來幫助學生學習嗎？

6 好處，學生出題學很大

　　可以的！就是讓學生自己來設計作業的題目！本書第 15 章〈修課有如上線打怪！〉（頁 135 ～ 142）曾提到我在台大電機系的機率課程，把學生分組，讓他們每一組設計一個題目出來，然後互攻。這樣讓學生出作業可以有六大好處：

❶ 因為沒有習題解答可抄，作業又開始有了驗收的意義

　　以往老師出作業，往往都是勾課本習題，學生常常會抄習題解答。現在因為題目都是同學熱騰騰剛設計出來的，外面根

本買不到習題解答，同學要抄也沒地方抄。我們也設計了很棒的規則，可以做到防止學生作弊交換答案。因此作業沒人作弊，又可以開始有驗收的意義！

❷ 學生為了設計好的題目考同學，會做到系統性的複習

以往寫作業的時候，學生往往交作業的前一天寫。在時間緊迫下，大家往往是看題目跟哪章節有關，去翻翻那章節就開始寫那題。這樣的複習是很零碎、無系統的。但當學生在出題目的時候，都希望能出一個有水準的好題目來考倒同學。為了設計出真正有挑戰性的題目，學生們會更有動機去把課本章節從頭看到尾，希望能找到有挑戰的素材來考同學。這就做到了有系統的複習。

❸ 設計好題讓同學驚豔，得到同儕肯定會更增學習動機

由於學生設計出來的題目，班上每一位同學都得去看。因此設計得好的同學，可以得到同學們的讚嘆。這樣的同儕肯定，會讓同學更願意拚命，比老師用權威壓迫有效多了。相反的，如果設計不好的同學，他會擔心自己不好的作品會在同學面前出醜，這樣的同儕壓力也會讓他更努力。同儕肯定、同儕壓力，是驅動學生的最大動機！

❹ 讓學生設計題目，可以更有效的建立學生解題的直覺

小時候我們解題的直覺，往往來自於同類型題目做很多次而慢慢建立。比如說，看到直角三角形的給了兩股的長度，我們很自然的就會有解題的直覺要去算斜邊長。那是不斷的做題目而得的直覺。但是高中、大學以後，要學的東西很多，不可能再透過不斷做很多同類型題目來建立直覺。讓學生設計題目，由於在設計過程中，學生不斷的把課本裡的零碎概念重組，以便決定是否要用這重組的結果來考同學。所以雖然只是出一個題目，但是學生已在設計的過程中將不同零碎概念做過很多次的組合。這跟讓學生做很多題目，有相同的功效。因此，讓學生設計題目，可以更有效的幫學生建立解題直覺。

❺ 透過教學生如何設計題目，把教學理念做置入性行銷

當老師要採用這套教學法讓學生設計題目時，老師一定要先教學生如何出題。在教學生如何出題的過程中，便是老師置入自己教學理念的大好機會。學生在設計題目的過程中，便會不知不覺的照著老師的教學理念去做。後續，我們會有更多的探討。

❻ 讓學生設計作業，老師會更有時間做更多的教學創新

當老師讓學生設計作業，學生互相批改，老師就能節省很

多的時間。有了這些時間，老師便可以再花更多的心力在新的教學創新設計上。如此老師的教學才能一直隨著時代的變遷而進步！

　　大家可以看到，原來讓學生設計作業題目，竟然有這麼多好處！

5 錦囊，幫助學生出好題

　　但是老師們要注意的是，「Assign by the student」要成功，必須要有很完整細緻的準備工作。以往我在演講囿於時間無法深入論述，這回藉由本書來跟大家做完整的分享：

錦囊 ❶ 要設計好的遊戲規則

　　好的遊戲最重要的，就是要設計完善的遊戲規則，以杜絕不必要的流弊。舉例來說，像我們這樣的出題互攻的遊戲，最怕的是同學彼此交換各組答案作弊。這該怎麼防止呢？我苦思許久，設計了一個算分的規則：每一題一千分，由解對的各組均分。狡猾的我，在第一次上課的時候就跟同學說：「老師教你們怎麼作弊！」我告訴他們，以第一組同學為例，他們可以拿他們解出來的三題，去跟第二組交換另外其他三題的答案。

拿到第二組所解出的三題之後，第一組可以再拿第二組辛苦解出的那三題，分別去跟第三組、第四組……去交換蒐集其他題目的答案。結果到最後，第一組拿了第二組解出來的那三題，去跟別人交易到了所有的題目答案。可是第二組他們辛苦解出來的那三題，卻因為很多組都有答案，而嚴重貶值。同學聽我說了，眼睛都睜大了！最後我問他們一句：「你們，真的都能相信你們的同學嗎？」

以賽局理論來說，這樣的遊戲只有兩個穩態（Equilibrium），大家都不作弊跟大家都作弊。不過因為我刻意的告訴他們這樣的作弊方法，在大家都知道別人也可以這樣作弊的時候，大家因為不敢相信別人，反而會不敢作弊了。透過這樣的恐怖平衡，我們的賽局，就落在大家不作弊的穩態上！每組同學的解題數差異頗大，跟以往大家抄作業都交一樣多題的情況不同。作弊的問題，因此減少了很多。

所以老師一定要好好花心思設計規則，以避免任何可能的流弊。這是一個漫長的工作。以 BJT-Online 為例，從開始到現在五年來，我們已經增訂好幾次的遊戲規則，遊戲也才得以愈來愈順利。

錦囊 ❷ 要教學生怎麼出題目

出題目其實是很有挑戰性的工作。如何把題目出得好、出得沒有瑕疵，其實很花心力。缺乏出題經驗的學生，是無法一開始就知道怎麼出的。因此老師一定要在實施這樣的教學方法之前，先教學生出題。

我每學期初上課的時候，都會教學生該怎麼設計題目。我教他們該怎麼從課本中找到重要的元素後，如何將他們結合成一個好題目，如何再用文字把這些元素隱藏其中，成為一個好的應用問題。

在教他們設計題目的過程中，我會透過訂定出題的規則，來置入我的教學理念。舉例來說，很多人看我學生出的題目都有故事，以為我是為了有趣才讓他們這樣出題。這完全是誤解。我會要他們出情境式的題目，是因為很多台灣的學生都很會證明、推導，但是都不大會處理應用題，學了數學卻不會用。為了要訓練學生真正會用數學解決實際的問題，所以我要求大家都設計情境式的問題，儘量不要有數學式。也因為這樣，整學期下來，大家活用數學的能力都大幅提升。這就是一種教學理念的置入性行銷。

　　再舉另一個例子，我對台灣的數理作業題目最痛恨的一點，就是題目出的條件都是一定會用到的。若學生發現有條件沒用到，就知道自己的解法一定有問題。這種方式訓練出來的台灣學生，往往在面對有很多數據的實際問題時，就不知道如何處理了。為了訓練學生未來面對實際的問題的能力，我在出題的教學就會要求同學在出題時，除了必要的條件外，再多放一些包裝很精美的垃圾條件進去，讓其他同學沒用到這些條件時會很惶恐。特別是常挖陷阱的人，對於陷阱的敏感度，會比常人高很多。經過我們一學期訓練下來，學生面對這類問題的自信跟能力也因而增加。

　　所以老師要好好把握教學生出題的這個機會，將你覺得重要的教學理念、原則，統統放進出題的教學中。你的學生就會自然而然的接受你的這些理念與原則了！

錦囊 ❸ 要確保題目的高水準

　　在教會學生出題之後，我把學生分成三人一組。每次教完一章後，就給大家三天的時間出題目。之後每組上傳自己設計的題目跟解答到 BJT-Online。為了避免出題組的題目或答案有瑕疵，我們新版的系統會在每組上傳自己設計的題目跟答案時，即時選取三個組來審查題目跟答案的正確性。唯有三組都

同意發表的題目才能放上線，有任何一組退稿的話，出題組都應該回去針對缺失、修改題目後再上傳。這樣的設計，讓有瑕疵的題目數量，大幅減少。

　　另外一個確保題目水準的方法，就是獎勵大家設計好的題目。在我們的規則當中，特別設計讓所有同學票選設計最好的題目。故意刁難人的題目通常都不會受到青睞。被票選最高票的組，會得到數百分的獎勵。而投給設計最好的題目的這些組，也有樂透彩的方式讓他們得到額外的加分，獎勵他們對於題目的「好品味」。

　　這邊有一點要補充的是，在設計題目的過程中，為了避免學生出刻意刁難大家的題目而導致大家都很挫折。老師一定要告訴學生什麼叫做好的題目，建立他們對於題目的品味。告訴他，好的題目是可以讓同學歷練到觀念，而不是靠繁瑣的計算，讓人做不出來。而且老師必須要對題目難度有所規範。

　　舉例來說，在我教學生出題的時候，我會定義題目「拐一個彎」是什麼意思，進而規定每一個題目最多不能超過三個彎。這樣才不會出現那些惡意刁難同學的題目，也才能確保題目都是真正能幫助學生學習的高水準題目。

錦囊 ❹ 要建立作業批改機制

給學生出題，最大的困難在於：老師跟助教怎麼批改這些學生設計的題目？我設計了一個方式，可以讓老師和助教很輕鬆的批改。每次當某組同學做完一題，上傳他們答案的時候，BJT-Online 系統會即時通知出題組來批改對或錯。在作業時間截止的時候，我們會公布所有題目的答案，並要求同學要去看出題組的答案，看完後批改自己對或錯。

當做題組跟出題組都覺得做題組的答案是對的，或都是錯的時候，這時批改結果是沒有爭議的。只有在做題組自覺是對的，而出題組認為是錯的時候，助教才需要出來仲裁爭議。依據過往的經驗，每次作業出現需要仲裁的情況相當少。這樣的設計可以有效節省老師的時間，而且也讓學生真的感受到，作業不是像以往被打完分數就算了，而是自己要負起責任去看自己到底哪裡錯了，進而知道自己的學習不足之處在哪兒。這也是一個很重要的教育過程。

錦囊 ❺ 要給學生出題的範例

光教學生出題，有時候還是不夠。因為學生聽完後，還是無從想像老師心目中理想的題目形式，所以老師最好提供過去自己或以往學長、學姐出題的範例，讓學生能夠有所想像跟了

解。舉例來說，以下便是我過去自己出過的期末考考題，也是
我給學生參考的出題範例。學生看過之後，就知道老師想要他
們出的題目的樣式。他們出的題目，也才更能達到老師理想的
教學目標。

....

台大電機系機率與統計 2014 期末考題
瓊博奇幻旅程 2014

　　2014 夏，Dr. Jones（簡稱瓊博）受 Prof. Hey（老葉）之
邀，再次到東鯤大學訪問一個暑假。有天，瓊博說想去有名的
沒你發摩天輪上看夜景，便拉了老葉一起去。老葉百般不願的
去了，不料週末夜人很多，排了很久終於輪到他們。但在前面
的一群旅客進去後，只剩一個位子。收票者問誰要先進去？老
葉往廂內一探，看到一群東洋小孩。其中有一位矮矮的、戴著
眼鏡、穿著藍色西裝紅色蝴蝶結。

　　老葉看了之後，楞住了！這……這……不是有名的東洋賽
神嗎？他退了三步，不料瓊博以為老葉要讓他先上。待老葉回
神之際，瓊博早已一個箭步踏入廂內，門也鎖上了。老葉見狀

拍門驚呼：「危險啊！快出來！快出來！」然為時已晚……

　　a.　已知賽神柯西常碰上殺人事件。每個事件跟下個事件之間的事件間隔時間長度，都是獨立且具有相同機率分布的連續隨機變數（單位：日）。每次的間隔時間長度，期望值為一日。奇怪的是，不管距離前一個事件已經多久沒出事，對於之後還有多久才會發生事件，似乎完全沒有影響。每次事件死亡人數不是一個人就是兩個人，機會均等。請問柯西這次七天的旅行中，他遇上的所有殺人「事件」的總數，其 MGF 為何？（Hint: 七天內殺人「事件」的總數是哪個學過的離散機率分布？）（5%）

　　b.　承 a，請問柯西七天旅行遇上的所有殺人事件的死亡總人數之 MGF 為何？（5%）

　　c.　承 a，請問柯西七天旅行遇上的所有殺人事件的死亡總人數之期望值為何？（5%）

　　d.　承 a，請問柯西七天旅行遇上的所有殺人事件的死亡總人數之變異數為何？（5%）

　　老葉原本急著進入下個車廂以就近觀察瓊博車廂狀況，但進去前無意瞄到身後跟著要一起上車的是一群穿著「不動高中」校服的高中生，其中有位男生還綁著馬尾。老葉嚇得倒彈

三尺，頹然放棄登車，猛猛般的在一樓等瓊博。

　　半小時後瓊博終於回到一樓，並熱心介紹剛認識的柯西給老葉認識。老葉只想趕快脫身，但最惱人的是瓊博竟還拉著柯西跟老葉說要一起去吃飯！老葉著實無奈，怕老友出事只好跟著去。餐廳很大，是個三十公尺見方的空間。老葉坐在圖示的位置。入坐時，老葉被門口的雕像給吸引了。眼睛一直看著雕像。

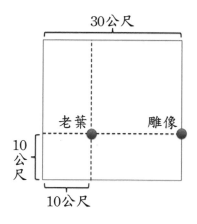

圖：餐廳平面圖

　　突然，餐廳某處出現了一聲悽厲的叫聲「啊～～你～」，老葉一聽便知又出事了！

e. 已知出事處可能是餐廳內任何地方，落在餐廳內的任何點的可能性都相等。若以老葉觀察雕像的視線為基準，出事處與老葉視線所夾的夾角（0~2π）之 PDF 為何？（5%）

f. 承 e，出事處與老葉視線所夾的夾角之期望值為何？（5%）

g. 老葉善於以視角餘光觀事。通常老葉視角正負六十度之間的事物都看得很清楚。請問事件發生之時，剛好有被老葉看到事發經過的機率為何？（5%）

當眾人往淒厲聲處望去，只見桌上有著一碗泡麵，一名年輕男子口吐白沫倒於地上。該男子身著吊嘎、短褲、藍白拖，十足宅男模樣。掉落身旁的湯匙已有螞蟻聚集。

瓊博衝上去，欲對男子做 CPR。老葉靈鼻忽嗅杏仁味，虎目一睜，長嘯：「且慢！！」制止瓊博。老葉怒瞪柯西，柯西聳肩道：「怪我喔？常碰到氰化鉀又不是我的錯！」原來男子是因氰化鉀中毒而亡。若老葉再晚一步，怕瓊博此時已成亡魂了。瓊博不禁冷汗直冒，直向老葉稱謝。

警方馬上調閱馬路監視器，發現案發後不久，在餐廳附近只有兩個人曾搭車離開。根據車牌記錄，追查到身著咖啡色俏

麗洋裝、樣貌秀麗絕倫的 A 妹，以及身著系服、模樣頹瑣的 B 宅。警方將兩人帶到警局問案，並派人拿著兩人照片問案發時曾在餐廳用餐的 500 名客人，在他們印象中，死者生前最後是跟誰講話？

h. 根據訪談結果，最後跟死者說話是 A 妹的人佔 45%，其餘人皆曰最後與死者說話的是 B 宅。請問對於 A 妹是否是最後與死者交談者的訪查結果，若要可信度達90%，這訪談結果的信賴區間為何？請詳細說明如何計算得到此區間方得滿分。（5%）

（以下結局與解題無關）

正當警方要釋放 A 妹時，老葉突瞥柯西一副鬼祟模樣，右手偷偷摸摸往手錶處移動。老葉馬上護著脖子怒喝：「小鬼你敢刺我，我馬上翻臉！」眾人不知老葉所言何事，但見柯西低頭不語。突然，一向不會說日語的瓊博突然對 A 女說起日語，現場有即時口譯：

瓊博：「人就是妳殺的，還不承認？」
A 妹：「你……別……血口噴人……」

瓊博：「真相只有一個，妳的洋裝已經說出事實了！」

A妹：「什麼？」

瓊博：「在妳進來不久，螞蟻便在妳衣角聚集。這表示妳的衣服有沾到糖。但妳之前沒發現有沾到糖。為什麼？因為妳沾上的是跟衣服顏色相同的焦糖，所以妳沒發現！」

A妹此時突然神色大變～

瓊博：「當初死者泡麵湯匙有螞蟻聚集，我早就懷疑了。我從死者口中聞到杏仁味外，還有一股濃濃的玉米味！是的，這就是現在網路最夯的泡麵加布丁的吃法。妳的焦糖，就是倒布丁時不小心留下的痕跡！為何妳要殺人？！」

A妹：「其實……他是我男友。他騙我說泡麵加布丁很好吃！可是根本不好吃！而且害我被一群可怕的室友嘲笑！！」

瓊博：「就因為這樣……妳就殺了他？我一直不解的是，為什麼死前他還痛苦的把布丁吃光？原來，他是怕人追查到女友，所以才死前很痛苦的把布丁硬吞完的啊！」

A妹：「啊！我這樣對他，他竟然還為我……」（眼淚打轉）

在旁的胖警伯拿出了一張皺掉的紙，上面寫得密密麻麻的。警伯：「這是男孩死前緊握的，應該是要給妳的！」

A妹一看，竟是一紙信號的大抄，上面寫著：「琳，傅立葉轉換不難喔，加油喔！」登時崩潰放聲大哭，哭聲悽厲：

「我們是那麼樣的幸福,為什麼你要騙我吃泡麵加布丁?為什麼?為什麼?!!」

在場眾人見狀,無不動容掉淚⋯⋯

老葉長嘆:「誰說阿宅就是魯蛇?誰說阿宅就不能有秀麗女友?誰說泡麵加布丁會好吃的?世人愚昧至此,可悲至極、可笑至極⋯⋯唉⋯⋯」

瓊博悠然醒轉,已是後話,暫且不表。

(註:本題乃是依據 2014 年大學生在臉書互傳泡麵加布丁很美味的傳言而設計)

⋯⋯⋯⋯⋯⋯⋯⋯⋯⋯⋯⋯⋯⋯⋯⋯⋯⋯⋯⋯⋯⋯⋯⋯⋯

總而言之,BTS「Assign by the student」讓學生設計作業題目,是一種非常棒的學習!只要老師好好規劃,便可得到意想不到的教學效果。但是要成功,老師切記,一定要好好的做好我們上述的五大準備工作!只要準備工作有確實的做好,老師就有機會在你的班上看到很不一樣的教學風景!

21
Grade by the student

在同學互評的過程中，
逐漸摸索出如何在別人對我們有主觀的評價下，
可以一方面怎麼包容他的主觀，
卻又還能保有自己的主體性，得到人家的肯定。

　　在過去威權的年代，我們的老師對教學有絕對的權力。做得對不對、做得好不好，都是老師說了算，老師的權威是不容挑戰的。因此老師出的作業，學生都會乖乖的做，不敢違抗老師的命令。時至今日，隨著老師的權威不再，以及學生思維的改變，光用權威去壓學生，往往得到反效果。學生對於作業的態度，很多流於應付。更甚者，學生乾脆抄解答了事。作業在根本上已經失去了它驗收學生學習成效的功能。遇到這樣的困境，老師要怎麼樣才能讓學生真正有動機去好好寫作業呢？BTS 的「Grade by the student」，就是最好的解決方法。作業

讓學生互評，會讓學生對學習產生意想不到的成效！

　　首先，讓我們來了解，為什麼大部分學生不願意寫作業？要回答這個問題，我們每個老師都要用同理心，從學生的角度去思考。到底花時間寫老師出的作業，對學生有什麼好處？為什麼學生要好好寫老師出的作業？

　　如果仔細思考，你會發現，學生根本沒有理由把時間花在寫作業上。當學生花很多心力寫作業時，他得到的好處是什麼？除了一個還不錯的作業成績，頂多再加上老師對他的好印象。可是老師對他的好印象到底重不重要？這個問題的關鍵，是在於這位老師有沒有得到學生的尊敬？如果老師很受這位學生的尊敬，那老師對他的好印象，對這位學生來說會很重要。他也願意極力寫好作業以爭取老師對他的好印象。但若老師沒有得到這位學生的尊敬，老師對他的好印象一點價值也沒有，遑論學生會因此而努力的寫好作業。

　　這樣的問題，隨著學生年紀愈大會愈明顯。由於小學是包班制教學，小學生一整年都是跟同一位老師在一起。老師如果忽略他，他的日子會很悲慘。所以小學生會很在意老師，認真當個聽話的好學生，並很努力的寫作業（至於小學生作業被爸

媽訂正，每次都滿分，那又是另一個問題了）。但高中與大學時期，要學生靠自己用心寫作業，會很困難。特別是大學老師跟修課的學生，經常只是在某一學期某門課的萍水相逢，在這門課之前你不認識我、我不認識你。在這種情況下，老師對學生有沒有好印象，對學生會很重要嗎？甚至有的課一個班兩、三百個人，學生也只不過是兩、三百人中的一位，老師對他有沒有好印象，重要嗎？

因此除了分數之外，學生有什麼理由好好寫作業呢？如果要分數的話，只要抄一抄解答或同學的答案就有了，何必自己寫呢？

4 大成效，同學相互評分

我一直以來的信念，就是教書要從營造學生的動機著手。試想一下，現在的學生不在乎老師對他的印象，那他在乎誰的呢？喔！是同儕！學生都很在乎其他同儕對他們的評價。那如果要讓他們好好寫作業，我們該怎麼好好利用這個現象呢？對！就是讓他們同儕間互相打分數，也就是我們說的「Grade by the student」！讓學生評分，到底有什麼好處呢？有下列四大成效：

1. 有效提升學生動機

讓學生互評的好處是，當他寫作業很用心，做得很好時，改他作業的同學們會看到。除了拿到同學給他的高分外，更重要的是，他會覺得自己在同學面前很有面子，這會讓他下次作業想要更用心做。相反的，若是有一位同學作業不好好做，當他的作業被其他同學批改時，他的心肯定七上八下，因為這樣糟糕的作業居然被同學看到，實在很不好意思，覺得超沒面子的。被人家改的每分每秒都是煎熬。因此，下次他作業也會想更用心做。

所以說到底，就如上述所說的道理一樣。學生很在乎同儕之間的肯定，也很在乎同儕之間的壓力。與其老師整天板著臉去兇學生，更有智慧的老師會善用同儕之間的影響力來讓學生更有動力去做作業。常常有人問我這招叫什麼，我常笑說，就姑且稱其「以夷制夷」吧？

2. 有效建立學生品味

讓學生評分，還有一個更深刻的意義，就是訓練學生的「品味」。當我們讓學生評分時，我們要先教會學生什麼是好東西。我們要把他當做一個專家來看。以我的簡報課為例，當我讓學生評其他同學的簡報好不好時，其實就是要讓學生以簡

報的專家自居。讓他以專家的角度來觀看別人的東西。只有當我們把學生視為專家，他們才會真的往這個方向去發展，他們也才會更加的自我精進。

而當學生確實以專家自居時，他對自己作品的水準，也會有更高的期許與要求。他無法接受自己的作業不夠好被其他同學評低分。因此他就有很強的動力想更進步。到頭來，原來建立品味，也是能提升學生的學習動機！

3. 有效給予正向回饋

當我們要求學生給其他同學評分、點評時，我們發現同學們或基於同學愛、或基於某種的……鄉愿，在改到沒有做得很好的作業時，大家給的評語還是會比老師給的溫和，甚至還會有點正向的說：「ㄟ……其實你做得也還不錯啦～」結果沒做得很好的同學，會因此得到一些正向的回饋，讓他下次會更有動力努力。

如果是老師批改所有的作業的話，當老師改到較差的作業時，就比較說不出這種有點鄉愿的正向回饋。這些沒做好的學生，從老師這端得不到正向的回饋，就更沒意願去做作業了。因此讓學生互評，會讓這些同學有機會得到正向的回饋！

4. 有效達到共學效果

當學生在改其他同學的作業時，他們會發現同學作業跟自己作業的差異之處。而這些差異，會成為他們學習的重要材料。學生會去想：「為什麼同樣的問題，同學 A 會有這個觀點，而我沒有想到？他這個觀點合理嗎？還是哪邊不大合理？」

以前往往學生寫完作業交給老師批改後，他就覺得自己沒有責任了。但若老師採取學生互評的方法，作業做完了，學生還會經由批改其他人的作業，進行反思。這會讓學生對於作業的問題更有印象，也會讓他從同學的作業中得到學習的成效。這種學生共學的景象，對老師來說，是非常美妙的！

2 案例，示範學生互評互學習

「Grade by the student」有這麼多的好處，那到底該怎麼操作呢？在這裡我們提供兩個案例來示範。一個是針對課堂活動，另一個則是針對一般的課後作業。

案例 ❶ 課堂活動互評

每個學期，老師通常都會安排讓學生上台報告的教學活

動。原本是希望不要每次都是老師在台上講，偶爾讓同學上台
報告，可以讓師生的互動更活絡。但上台報告的同學，往往都
把焦點放在打分數的老師身上。另外，他們的投影片也不會針
對同學去做深入淺出的設計，因此同學們都聽不懂。最後的結
果，經常都是報告的人在前面對著老師 face-to-face（面對
面），而後面的同學則都 face-to-facebook（滑臉書）。報告的
效果非常差！

為了改變這個現象，我們開發了一套學生互評的軟體
EPES（EPES 後來改良成為 Zuvio App，由台大學生團隊創業
經營，是目前全台最多人使用的課堂互動手機軟體）。我跟修
課學生說：「你們的報告，不再是由我評分。而是由全班同學
用我們的互評軟體評分、給匿名點評意見。如果你們的投影片
做得讓其他同學都看不懂的話，你們覺得自己會拿到高分
嗎？」

同學可聰明得緊，自此就很用心的設計投影片，甚至還會
加入一些幽默的段子來活絡場面。在上課前，我通常會設定幾
個問題讓同學用軟體評分，例如：投影片製作水準如何？（1~5
分）、肢體語言表達水準如何？（1~5 分）、有何改進意見？
（匿名文字意見）

　　自從我們這樣實施之後，學生的課堂報告就完全不同了。在他們報告的時候，教室開始充滿歡笑聲。另外因為有針對同學程度去設計投影片，同學們都聽得更懂、也聽得更專心了。而同學也從別人給自己的分數與匿名意見，知道自己的表現好壞。常常有同學們告訴我，說這些意見對他們後來的進步很有幫助！

案例 ❷ 課後作業互評

　　除了課堂的報告之外，我在一般的作業也常常用學生互評來決定分數。我告訴同學，在作業期限前上傳自己的作業到網站上後，我會公布所有同學的作業給大家互評。每一位同學要選六位同學的作業點評。除了打 1~5 分的分數外，每一份作業都要給予 150 字以上的點評。每一位同學同時也會被其他六位同學批改。六位同學給他的分數總和，就是他這次作業的分數。

　　至於要改哪六位同學，可以由老師每次隨機決定，或是透過一種機制決定。比如說第一次作業改自己座號 +1, +2, +3, ⋯⋯+6 的人（超出最大座號再從頭），第二次作業改自己座號 +2, +4, +6, ⋯⋯+12 的人。總之要讓學生每次都改到不同的人，一方面可以讓他們不至於交相賊，另一方面也可以讓他

們每次從不同的同學作業中學習。

為了避免同學給分過於浮濫（大家都彼此給高分），我通常會規定在同學批改的六份作業中，最多只能給出兩個 5 分、兩個 4 分。若有同學常惡意給所有人低分的話，老師也可以考慮規定每個人最多只能給出兩個 1 分。

2 前提，操作互評機制

透過上面兩個案例，老師可以看到在課內的活動、課後的作業，都可以做到學生的互評。但是要成功的操作，還須留心兩個大前提：

前提 ❶ 要教學生如何評分

學生從來沒有評過別人的作業，所以如何點評別人的作業，需要教導！對於一般制式的作業，老師要把 rubrics（評量準則）訂出來。也就是你要讓學生知道，什麼樣的作業夠資格得到 5 分？什麼樣的可以拿 4 分。老師要在每次的作業訂定規定，例如：「作業若參考五篇以上的參考資料，文章中提出兩個以上的論點才可以拿 5 分」、「作業若參考四篇以上的參考資料，文章中提出兩個以上的論點才可以拿 4 分」……老

師必須要把這個標準訂出來，並利用實例來示範給學生看，該如何在批改時做判斷。

前提 ❷ 審慎決定評分比率

學生剛開始還不是很會評分時，老師可以把學生評分佔成績的比重訂在 50%，另外 50% 由老師的批改成績決定。這個比率為何，由老師自己決定。但我個人建議學生評分所佔比率不要低於 50%，以免學生又認為這是老師主導的事情，與他們沒太大關係而興趣缺缺。隨著學生批改他人作業愈來愈有經驗後，老師可以再把學生評分的比率提升，甚至到 100% 都行，真正做到完全 BTS 的境界！

讓學生評分，真的是一件對學生學習成效極大的事情；但偶爾還是會有學生抱怨說，同學打的成績不夠客觀。為此，我跟大家分享一個小故事。曾經就有學生在教學意見調查，抱怨這種讓學生評量的方式不夠公平客觀。看到這個評語時，我覺得太好了，可以趁機給學生一個機會教育。我在課堂上跟同學們說：

「各位同學，你要記住一件事情，你從小到大，從國小國中到高中、到大學，你都追求所謂的公平客觀的評價。可是當

你離開這個學校，去社會上班的時候，大家都會給你絕對公平客觀的評價嗎？不會。

你去公司上班，可能有個同事就是討厭你，看你不順眼。你問他為什麼，他也說不出原因，就是不順眼。

如果你從小到大，一切都要求學校要絕對的公平，絕對的客觀，那學校對你而言，是另一種溫室。

當你畢業，從一個絕對公平客觀評價你的溫室離開，進入那個充滿主觀評價的現實世界，你如何有辦法生存？

所以，像我們這樣的做法，讓學生互評，當然不是百分百的客觀，但是這個世界本來就沒有百分之百的客觀。你得開始學會接受這件事，至少我們班上的評分是很多人一起評分。某種程度來說，只要評你的人夠多，結果應該算相當客觀。如果大多數的人覺得你做得不好，那你做的應該真的滿不好的。

就算評分有那麼一點不客觀，對你也是好事。因為這會幫助你，讓你以後比別人更適應這個充滿主觀評價的現實世界喔！」

　　在這種極端講究公平和客觀環境下長大的小孩，在出社會後很多都會適應不良、EQ 很差。社會上的許多紛紛擾擾也都是因為大家都太在乎一定要絕對的公平，可是很多時候，那些也不是真正的公平，只是形式上的公平、假平等。

　　所以我覺得「Grade by the student」是讓我們的學生，能夠開始慢慢學習接受別人對他帶有一點主觀的評價。在過程中，逐漸摸索出如何在別人對我們有主觀的評價下，可以一方面怎麼包容他的主觀，卻又還能保有自己的主體性，且得到人家的肯定。這是我們年輕人未來在社會生存很重要的能力。或許這才是「Grade by the student」帶給學生的真正最大益處！一輩子都受用無窮！

22
BTS 教學法＝
了解＋引導＋觀察＋學習

BTS 教學的成功與否，
完全繫於老師對自己學生能力程度的掌握。

在我近年到處推廣 BTS 教學法後，有一次我收到一個陌生學生寄給我的臉書訊息。這位同學是某大學的學生，他告訴我，他們系上某個老師開的必修課，在開學的時候先把班上的同學分組。分好組後，這老師宣布：「課本第一章由第一組教大家、第二章由第二組教、第三章由第三組教……」老師自己都不教。

這些學生由於都沒學過，在準備教學的過程中常常有不懂的地方，所以就去問老師，但老師都要他們自己想辦法。寫信

給我的學生聽了很氣，對這老師說：「老師，你根本什麼都沒有做！」沒想到這老師居然回他：「ㄟ……這就是台灣大學葉丙成老師說的 BTS 教學法！」學生因此寫信來跟我問，為何BTS 教學是這樣的？！！

看了這訊息，我發現有的老師對於 BTS 教學有很大的誤解，以為 BTS 教學就是把東西丟給學生，自己什麼都不做。這是錯的！ BTS 教學絕對不是老師什麼事情都不做，把學習的責任推到學生身上就行。相對的，要做好一個成功的 BTS教學設計，老師必須努力完成下面的五大步驟：

BTS 教學法 5 大步驟

1. 完整了解學生的能力。
2. 在學生能力許可範圍內，劃出空間給學生胡搞瞎搞。
3. 在學生胡搞瞎搞的過程中密切觀察，並給予需要的引導，但絕對不要直接告訴他怎麼做！
4. 在胡搞瞎搞結束之後，一定要帶學生進行報告、反思、互評、觀摩。
5. 最後由老師進行總結，與必要的延伸教學。

　　大家會發現，要完成這五大步驟，老師是要花很大心力的！絕對不是把東西丟給學生要他們自己解決，而自己完全袖手旁觀。這種擺爛的行為，絕對不是我們所謂的 BTS 教學。BTS 教學的成功與否，完全繫於老師對自己學生能力的掌握。老師在操作的時候，一定要時時密切觀察自己學生的反應，進而修正自己對學生能力的認知，並調整後續教學活動的設計。

　　只要老師能這樣時時觀察、時時調整，老師的 BTS 教學一定會愈來愈成功，學生的學習動機愈來愈強，老師也將愈教愈有成就感！

　　老師、家長要記住，其實 BTS 教學代表的，正是一種適應未來的教育價值體系的轉變：

轉變 1　答案導向→過程導向

　　不再只追求答案的對錯，而是在乎自主學習的過程（探索、設計題目……等）。

轉變 2　定於一尊→同儕肯定

　　不再用老師個人權威去壓迫學生，而是用同儕間的肯定做

為驅動學生的動力。

轉變 3　被派問題→自訂問題

不再直接把問題給學生，而是訓練他們自己找問題、自己
設計問題的能力。

轉變 4　被改對錯→同儕共學

不再只是作業交給老師改就沒事，而是讓學生互評，從彼
此作業的差異中共學，建立學習的責任感與品味。

BTS 教學法，真正能夠建立孩子一輩子有用的自信與能
力。唯有幫孩子培養這種自信與能力，他們才有辦法去面對一
個充滿未知挑戰的未來世界！

Part V
BTS 翻轉篇

BTS 翻轉教室的操作，
能夠提高學生的學習動機，並養成學生自學的能力。
對老師來說，
這樣的教學可以讓老師有更多的空檔，
更有時間來做「人師」，傳遞重要的價值給學生，
並提高學生的生命高度。

23
廣義翻轉 vs. 狹義翻轉

————————

教育不是產品開發，不能為了創新而創新。
老師們應該要為了讓自己所設定的教育目標
達到最好的學習效果，而去設計最好的教學方式。

　　近兩年「翻轉」這兩個字，四處可見，好像只要掛上「翻轉」，才顯得真的有創意、有新意。這種趨勢再繼續下去，應該再不久，西毒歐陽鋒[16] 就會被翻案成中原武林之首了。

　　「翻轉 flip」在台灣之所以會普及，有其脈絡。在國外，flip 主要是跟翻轉教室 flipped classroom 連在一起。在 Google 上打 flipping 去搜尋，幾乎所有的國外網站都是跟翻轉教室有

————————

16　歐陽鋒乃是金庸小說著名的反派角色和武功絕頂的高手，貫穿其兩大著作《射鵰英雄傳》和《神鵰俠侶》的人物。此人兇狠毒辣，為求奪得「武功天下第一」的名號不擇手段，外號「西毒」。

關的。在台灣，flip 也是源於翻轉教室，但在 TEDxTaipei 2013 年會選用「FLIP」當做主題之後，翻轉在台灣有了不一樣的意涵。翻轉這兩個字，開始跟創新連結上關係。也因為 TEDxTaipei 的影響力，加上《親子天下》雜誌推廣翻轉教育的關係，「翻轉」這兩字開始在台灣流行起來。

但在教育界，我認為「翻轉」二字的流行，造成某種程度的困擾。最主要的問題是，當老師們在談「翻轉」時，根本不知道彼此在談的是什麼？A 師的「翻轉」，跟 B 師的翻轉，跟 C 師的翻轉，到底是一樣的東西還是不一樣的東西？教學方法百百種，只以「翻轉」名之，根本無從溝通起。在一般的產業，創新總是好的，所以「翻轉」代表創新並不是壞事。但是，教育不能為創新而創新，老師們必須對「翻轉」有更明確共通的定義才行。

到底就教育而言，什麼是「翻轉」？

就我的觀察，目前在教育界所談的「翻轉」，主要有兩種不同層面的定義。狹義的「翻轉」，指的是像國外所說的 flipped classroom 翻轉教室這樣的教學方法。這樣的翻轉教室，主要是專注於各學科的知識。焦點在於如何透過 lecture at home, homework in class（回家看影片，課堂寫作業）這種有明確操作方式可依循的模式，訓練學生自主學習，包括預習、作題、討論等的習慣跟能力。

最大差異，方法明確可依循

　　另一種老師們常提到的「翻轉」，是比較廣義的「翻轉」，泛指教師、學生在學習過程中角色的翻轉。前面所提到的翻轉教室，由於老師跟學生的角色也有所轉變（傳統由老師課堂講授，現在由學生分組作題、討論、發表），因此也算是廣義「翻轉」中的一種。但除了翻轉教室之外，其他類似PBL（Problem-based learning，問題導向學習）或是前篇所提到的BTS 教學篇等教學設計，也都有師生角色易位的特色，因此這些教學亦被視為廣義的「翻轉」。這也是為什麼常聽到有老師說，他們的教室很早就有在「翻轉」了。因為 PBL 這類的教學方法，在過去，台灣已經有很多很優秀的老師在做了，這些老師都堪稱為廣義「翻轉」的先驅。

　　不過狹義的「翻轉」（翻轉教室）跟廣義的「翻轉」，其實有很大的差異。其中最大的差異是，前者（翻轉教室）有明確方法可依循，只要老師照著方法操作（www.flipTw.org），

大多可以上手。但是後者（廣義翻轉）該如何操作，則沒有明確方法可依循。針對不同的教學內容、實驗，老師會發展出完全不同的教案讓學生去操作。針對某個教學課題，到底該怎麼設計教案給學生，只能靠老師的個人經驗去設計，是無法按表操課的。另外還有教學目標的差異，前者（翻轉教室）的焦點主要都是在學科內容的教學，後者（廣義翻轉）除了學科內容外，老師往往還有學科之外的教學目標想達成。

我個人認為，在目前很多老師們還沒有太多翻轉的經驗時，應該從狹義的翻轉（翻轉教室）開始比較好。畢竟翻轉教室是針對目前的教材內容，且有方法容易依循上手，而且最終目的還是要讓學生的學科學習有所進步。至於更廣義的「翻轉」，老師也應該接觸，但要審慎為之。教育不是產品開發，不能為了創新而創新。老師們應該要為了讓自己所設定的教育目標達到最好的學習效果，而去設計最好的教學方式。廣義「翻轉」經驗較少的老師們，在這部分應該要根據自己的經驗和對孩子們的認識，審慎評估、設計。這樣才不會只是學生熱鬧一陣過後，卻什麼都沒有留下，也沒對學科的學習效果有直接的提升。

透過本文的界定，希望以後在談「翻轉」教育時，老師們

對**翻轉**都能有明確的定義，知道彼此在談的是什麼。狹義的**翻轉**——**翻轉教室**，是每個老師都可以做的，是不分菁英學生、弱勢學生都可以做的，更不需家長配合就能達成的。廣義的「**翻轉**」，根據老師設計的不同，或有可能需要一些外在條件的配合（學生的程度、家長的支援）。但若設計得好，也是有可能做到不需額外其他條件的配合就能施行，這需要老師有相當的教學經驗比較容易成功。

To flip, or not to flip, that is the question.

Umm…may I ask what kind of flipping are you talking about?[17]

狹義的「**翻轉**」，大家都可以做；廣義的「**翻轉**」，則需老師小規模嘗試、慢慢累積經驗，才比較容易成功。

最後，請容我再次強烈呼籲，我們應為西毒歐陽鋒重定歷史定位！（笑）

17　本句仿自莎士比亞《哈姆雷特》劇本的名言，原句為「to be, or not to be, that is the question.」此處譯文：翻嗎？還是不翻？這實在是個大哉問！嗯，請問你説的翻轉是哪一種呢？

24
BTS 翻轉──準備篇

BTS 教學法所做的種種教學設計，教學的成效非常好，
幫孩子建立許多傳統教學中所無法建立的能力。

　　近年來，我在台灣各地對中小學、大學老師們，推行我所
提出的 BTS 新教學思維：「For the student! By the student! Of
the student!」全台演講近兩百場。為什麼要這麼辛苦的推？因
為隨著時代變得高度全球化，世界變化的速度太快了，國內外
許多知名大企業，樓起、樓塌也都是幾年之內的事。另外由於
網路的興起，資訊新陳代謝的速度太快了。在這種趨勢下，
「能力比知識重要」、「能力比學歷重要」，但是很多家長跟老
師並不知道這些觀念的重要。

　　什麼是孩子未來在世界上競爭所需要的真正的能力？「能
靠自主學習新知的能力」、「能夠面對未知變局的能力」、「能

夠獨立思考判斷的能力」、「能夠表達行銷自己的能力」，這些都是未來他們安身立命最重要的關鍵能力。老師要怎麼樣才能教出孩子的真正能力？我堅信 BTS 教學法，才能真正訓練出孩子這些能力。在第四篇【BTS 教學篇】我們介紹過，我在 BTS 教學法所做的種種教學設計，讓學生先摸索後學習、讓學生自己設計題目出作業、讓學生互相評分給意見，教學的成效非常好，幫孩子建立許多傳統教學中所無法建立的能力。以我個人的經驗，發現當 BTS 的做法與狹義翻轉（翻轉教室）結合，效果會更加驚人。

因此，我另外設計了這套「BTS 翻轉教室」教學法。不管是大學、中小學，都可以適用。利用這套教學法，老師可以做到：

學生週週按課程進度念書

馬上發現問題並即時補救

做翻轉不需高昂硬體成本

老師不用花時間批改作業

老師從此不需要吃彭大海

5 要件，BTS 翻轉起步走

這似乎是每個老師的夢想啊！怎麼做到的？！要開始做 BTS 翻轉教室前，有幾件事情是必須先準備的：

要件 ❶ 開臉書社團或在聊天軟體開群組

目前臉書是學生族群最多人使用的社群平台，許多年輕人幾乎時時刻刻都掛在臉書上面。以往老師習慣用電子郵件宣布課程事項，但現在的學生少有定時每日檢查郵件的習慣，卻每天巴望著看到自己臉書出現紅色標標 [18]。

老師若能善加利用臉書的功能，將其用於教學，會有意想不到的效果！想像一下，當學生很興奮的看到臉書紅標，非常急切的點下去時，才發現是老師我在公布新的課程作業，是不是很過癮！

臉書可以讓學生即時看到對課程的公告事項，甚至可以讓學生即時看到其他同學的學習動態。對於教學效果的提升幫助

---

18 臉書右上角有個地球圖示，當有交友邀請和訊息時，畫面上會出現一個紅色泡泡，泡泡裡面會秀出個人新收到的通知數目。

很大！老師請在學期開始前，做到：

- 先為自己教的每個班設定一個私密的臉書社團
- 把臉書社團的連結給學生，要求班上所有學生都要加入社團
- 跟學生強調加入社團並不代表加老師臉書好友，所以不必擔心師生之間看到彼此隱私
- 跟學生約法三章，臉書上公告資訊視同正式公告

除了臉書之外，現在諸如 Line、WeChat 等手機聊天軟體，在學生間也都十分盛行。老師也可以考慮不用臉書，改用這些手機聊天軟體成立一個聊天群組，要求所有學生都要加入。透過手機，會比臉書的資訊傳播更加即時有效！

要件 ❷ 學會使用 Google Form

「Google Form」也就是所謂的「Google 表單」，是一個非常方便的網路工具。以往老師在教室要讓學生寫題目、回報答案，都只能透過紙本。學生交上來後要整理，很麻煩也很不環保。Google 表單是一個電子化的問卷。老師只要有 Google 帳號，便可以去 Google Document 的網站上設計自己的電子化問卷。設計方法很簡單，在網路上有很多使用方法的介紹。

老師只要搜尋一下，便可以在半小時內學會怎麼輕易的設計出
自己的電子化問卷。

當老師設計完自己的電子化問卷後，系統便會產生一個一
個網路連結。老師只要把這個連結公告在臉書社團上或是手機
聊天群組中，所有的學生都看得到。任何一位學生只要點了連
結，就可以用自己的智慧型手機或平板電腦作答。作答完送出
後，老師便可以在 Google Document 的網站上，很容易的產
生統計數據的試算表，做為成績計算之用。這項工具已經很多
老師在使用，非常有利於翻轉教室的施行。還沒用過的老師，
趕快查看 Google 表單的教學影片，很容易就可以學會了！

要件 ❸ 準備一台實物投影機

在 BTS 翻轉教室的教學法中，每一個題目老師都需要隨
機抽一位同學上台講解他的解題過程。如果是數理、工程類的
課程，學生要把自己的答案先謄寫到黑板上，不免浪費全班同
學的時間。為了讓上課更有效率，更沒有冷場，老師最好能先
準備好一台實物投影機。開學的時候跟同學立下規定：「做題
目時，每個人都要在筆記本上很有系統寫出自己的推導過程。
被抽中發表的人，必須在三十秒內把自己寫的東西放在實物投
影機下跟大家講解。」這樣便可以省下謄寫的時間，課堂時間

運用更有效率！若老師沒有實物投影機，老師也可以利用可外接投影的手機或平板電腦，要求學生三十秒內拿解答到前面給你用手機或平板拍照後，投影到螢幕上供該生講解。

要件 ❹ 將學生分好組別

BTS 翻轉教室最重要的精神，就是學生要分組。小組與小組之間彼此競爭，小組之內互相合作。一方面學生會因為跟他組的競爭意識而產生動機；另一方面由於小組之內同學共同合作、分數共享，所以學生會因為有組員夥伴合作學習而有安全感，不會因為競爭而失去學習的自信。因此透過同儕間既合作、又競爭的學習方式，我們可以完全兼顧學生學習動機與學習自信的兩個層面。老師在開學的時候，必須先將學生在這個課程整學期的分組分好。

組別大小視科目難度、班級人數、課程設計等因素，而有不同的考量。我個人建議是每組三人最佳。一來是一組四個人以上的話，很容易出現多人挑水沒水喝的狀況。另外若教室座位無法移動，四個人坐一排時，坐最左邊跟最右邊的同學其實很難討論。兩人一組的話，最令人擔心的是若有一人擺爛，則另外一人的學習將嚴重受影響。過一陣子之後，很有可能開始顧影自憐、接著跟著也自暴自棄了。

　　若三人一組的話，即使有一人擺爛，另外兩人仍可相依為命、互相扶持。就算是哪天要拉拔原先擺爛的組員上軌道，也輕鬆很多。

　　分組最好是讓學生自己分，免得之後有人擺爛影響全組成績，受影響的學生把矛頭指向老師。一般來說，最好讓學生自己分，但要求每組最多只能有一位成績好的同學。這樣成績好的同學才能分散到各組，去幫忙其他學得比較慢的同學。目前網路上也有很多老師發展出很多分組方法在網路上可供老師們參考，老師可以多參考不同的分組方法，選出最適合自己班級的方法！

要件 ❺ 確認每組都有可上網行動裝置

　　目前在推廣翻轉教室的最大困境，往往是學校的數位資源不夠。很多老師以為要做狹義翻轉，每個學生都必須要有可上網的行動裝置才行。然而要讓每位學生都有上網的行動裝置，對很多學校來說都是很大的門檻。這也是為什麼很多老師對翻轉心有餘而力不足。

　　在 BTS 翻轉教室的設計中，上課的時候，每一組同學只要確定有一位同學具有可連上網路的智慧型手機或平板電腦即

可。不需要每一位同學都有。三個人中只要一人有就行。如果
班上同學真的沒有，或是學校網路沒辦法讓所有人連線，也沒
關係。進度跟分數的回報，可以改用紙本卷子進行。不過，學
生對於上課能使用行動裝置，通常會覺得很酷、很好玩。所以
若能使用的話，老師可以得力於 Cool factor（酷效應）而使學
生更用心學習。

為了幫助老師降低做翻轉的硬體門檻，我所開發出來的
「BTS 翻轉教室教學法」，刻意降低對行動裝置的倚賴。只要
每一組學生有一個可上網的裝置就行。可以是學生的手機、或
是平板、筆電，都可以。如果每組只要一個裝置，一個中小學
的班級大概只需要七、八台。目前有很多品牌的平板電腦，都
是兩三千塊台幣，上網、看影片都沒問題。這可以大幅降低學
校推動翻轉的硬體門檻。

當老師完成了以上的準備工作後，就可以開始我們接下來
的馴化篇了！

25

BTS 翻轉──馴化篇

幫孩子建立看影片的習慣，是「翻轉教室」老師的責任！

不管國內外，用**翻轉**教室教學的老師，最常碰到、也最苦惱的問題，就是學生不看影片。往往老師興沖沖宣布這學期要做**翻轉**，也開了影片要大家回去看，可是隔天總是會有相當比例的人沒看。這是最讓老師苦惱的。這該怎麼辦？

一般老師往往忽略了 BTS **翻轉**教室一再呼籲的重要原則：「幫孩子建立看影片的習慣，是做**翻轉**教室老師的責任！」這一點非常重要！因為孩子們在過去從來都沒有從影片得到知識的經驗，今天老師要他回去以後都看影片學習，這哪有那麼容易！所以當老師的，必須要幫學生（特別是年幼的）養成從影片得到知識的習慣。怎麼做呢？ BTS **翻轉**教室傳授 4 祕訣，幫助學生建立看影片的習慣：

4 祕訣，非看影片不可

祕訣 ❶ 頭兩週先在課堂看影片

在老師做**翻轉**教室之前，班上學生過去不曾有從影片獲得知識的經驗。因此一開始馴化學生最重要的任務，就是讓他先習慣從影片獲取知識。然而學生一旦回家，老師就沒辦法控制他們的行為。所以可以先從老師能完全控制的環境開始，也就是在課堂。

在開學最初兩週，先不要讓學生回家看影片，而是用上課的時間播放影片給學生看。這個用意，是先讓學生習慣「從影片獲得知識」這件事情。由於**翻轉**教室的影片時間，通常是教室上課時間的一半（因為老師在教室上課同樣內容會跳針兩三次，錄影不會），因此播完影片後通常在教室還有半節課的時間可以讓老師進行討論和做題目。等過了兩週，同學都已經習慣了「從影片獲得知識」，這時候第三、第四週，老師就可以告訴學生現在開始，影片都回家看。只要大家在家好好看影片，老師就不出回家作業！（**翻轉**教室原本就不會出作業的，這樣講，其實只是做個順水人情。）看影片的習慣建立後，再加上免做作業的誘因，學生在家就比較會乖乖的看影片！

祕訣 ❷ 給予差異化待遇

當老師開始讓學生回家看影片，隔兩天上課問有多少人看，結果只有六成的人，那怎麼辦？有的老師覺得有四成的人沒看，什麼都不懂，就猶豫該不該在課堂上講解一下？老師！切記！絕對不可以在課堂上講課！因為老師一講課，那些乖乖聽話看影片預習的六成同學，一定馬上非常不爽。「為什麼我乖乖聽話預習，結果老師現在卻要浪費我的時間，幫那些不聽話沒預習的人重講一次？簡直把我們裝肖ㄟ，我以後也不預習了！」

BTS 翻轉教室一再強調的，就是學期初開始，老師就要一直讓學生知道，老師上課是不講課的，只讓學生發問。只要有學生不懂發問，老師一定會解釋清楚。但是老師絕對不會在學生沒發的情況下重新講課，因為我們要訓練學生「主動求知識」的習慣。如果老師不重講，可是又有四成的人沒看影片、也不會問，難道就放給他們爛嗎？不是的！

其實，可以善用「差異化待遇」的方式，讓沒看影片的人在教室後方看影片（用他們自己手機或是教室準備平板、電腦等）。老師則是在前面跟有看影片的人進行課堂作題、搶答、討論等活動。老師在學期初的幾次活動，最好都設計的很刺

激、很歡樂，讓在後面看影片的人覺得不能參與同學的活動，實在太悶了。這樣他們下次就會記得看影片了！

祕訣 ❸ 加強同儕壓力

利用前面循序漸進的方式，大部分學生應該會開始看影片了。有沒有辦法更加強學生的看片動機？有的！老師可以善用臉書社團裡的「線上民調」功能，用很簡單的方法，就可以讓學生看影片的比例再大幅提升！臉書社團的「線上民調」功能很好用，比如說三五好友要約聚會，不知道什麼時間比較好，主事者就可以設個民調放三個時間選項。每個人自己點選最適合自己的選項，每個選項後面都會出現點選該選項人員的頭像。主事者一看哪個選項頭像多，馬上就知道哪個時間最適合。「BTS 翻轉教室」怎麼利用這個民調功能來促使學生看影片呢？

我每次上課前幾天都會在臉書社團裡，利用「線上民調」方式，公布這次要預習的影片進度，如圖（頁 223）。然後民調選項列三個：「輕鬆看完！」、「還沒看完……」、「完全沒看 @@」。我要求每個同學看完後儘速回報。通常學生沒看影片是因為回到家以後，看不到其他同學看影片，所以很容易掉以輕心。但是只要看到臉書上同學的頭像一個個出現「輕鬆看

完」的時候，大家就會擔心自己落單而紛紛趕著去看。一旦全班有六十幾個人都看了，還有誰敢沒看呢？

除了臉書民調外，也可以利用學生普遍使用的手機聊天軟體 Line、WeChat 等成立聊天群組，要求完成影片預習的學生在聊天群組回報。當一位同學利用手機聊天軟體回報，所有的同學手機都會同時震動，真的是所有同學都「切身感受」到其他同學看完影片的「動態」。效果極佳呢！

圖：公布要預習的影片進度

祕訣 ❹ 利用班級經營

BTS 翻轉教室最重要的精神，就是學生要分組，大家成績共享。所以從學期一開始，我會一直在班上創造一個氛圍，一直告訴學生若沒看影片，是對不起另外幾位隊友的。因為別的組若所有人都有看影片的話，在課堂上做題目的活動中，人家是全部的戰力在搶分。若有人沒看影片，他那組在搶分時就少了一個戰力，非常吃虧。由於小組成員分數是共享的，沒看的人會使隊友吃虧，因此是對不起隊友。

只要老師整學期創造這樣的氛圍，而小組的形成又是同學自己互選、選出好友來組隊的。由於沒有人願意在這樣的氛圍下承認對不起自己的好友，所以不看的人會變少。

另外一個可以使用的，就是善用免寫作業當誘因。其實 BTS 翻轉教室教學，原本就不應該出作業給學生回家寫（下一章會論述）。不過老師可以把這件事情給不知情的學生當福利，宣布：「只要全班都有看影片，沒看影片的人數少於三人，老師就不會出回家作業！」能夠不用回家寫作業，學生開心都來不及了！誰敢冒全班大不韙不看影片，而害全班得回家寫作業？因此大家看影片的動機又更高了！但是為了防止學生謊報有看影片，中小學老師可以考慮改由家長於臉書社團回報

孩子看影片的狀況，效果有可能更好！

　　在完成這些馴化的工作，幫助學生建立看影片的習慣後，我們就可以開始著手進行教室內的**翻轉**實作了！

延伸閱讀
「BTS 翻轉教室」祕笈大公開

　　更多更詳盡的 BTS 翻轉教室祕笈，請掃描此 QR Code，即可一覽「圖解 BTS 翻轉教室祕笈」，或連結網址：http://goo.gl/PECFWn，即可完全掌握 BTS 心法，**翻轉**成功！

一睹為快

上課發現有不少學生沒有預習，怎麼辦？

絕招 ❶ 差異化處理

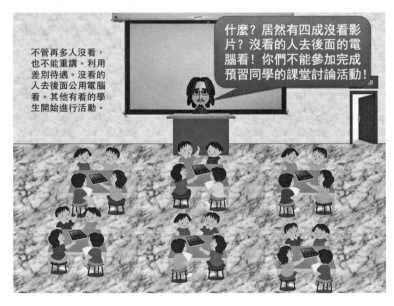

絕招 ❷ 學期初的活動都設計得很刺激、充滿歡笑聲

26
BTS 翻轉──實戰篇

遵行實戰策略，老師不用在課堂上聲嘶力竭，
也不用再辛苦改作業，
更不用擔心學生不訂正，不知道自己錯在哪裡。

　　前面幾篇的任務都相當簡單。如果老師都完成的話，接下來就是開始要面對教室裡面的實戰了！老師第一個疑問是：「如果上課內容都在影片講過，那課堂要幹麼？」

　　在傳統教學裡，老師們對自己的定位，就是一個 lecturer。每個老師都認為自己的主要價值，就是在課堂上給 lecture。在沒有 MOOC 之前，當老師的，只要比自己學校教同樣科目的同事教得好，就安心了。在第四章我們談到，這就好像大家去海邊游泳，如果看到鯊魚，不要慌！只要你能游得比你同事快，你就安心了！

　　但自從 MOOC 出現後，台灣已經有出現這種現象了。大學老師講得太差的，學生如果能在 Coursera 等一流 MOOC 平台上，找到國外名校老師教同樣的科目，學生就不去學校上課了！

　　這關鍵，就是老師根本上的價值問題。如果你只把自己當做是講述者，你能給的就是「講課」，而網路上世界名校名師的 MOOC 也能對你的學生講課。你真的有自信自己的講演比全世界教得最好的老師還要好嗎？如果沒有比世界名師的影片講得好，而你在課堂上也是講述而已，那這老師被影片取代是必然的！

　　所以老師啊，應該要找尋自己的新價值。在第四章，我們提出了對現代老師而言最關鍵的問題：「有什麼事情是只有你可以對你學生做的，而網路上那個名師的影片沒辦法對你學生做的？」

　　答案就是對話！透過對話，老師才有可能了解學生，進而因材施教。跟學生對話，才是你我做為老師真正無可取代的價值啊！

　　因此在後 MOOC 時代的老師，真正的價值不再是一個講述者，而該是一個引導者（facilitator）。如何使用**翻轉**教室這類的活化教學模式去帶動學生的討論、去啟發學生的思考，那才是未來老師的真正核心價值。老師們，以後開始要學著當主持人、製作人，別再當老是霸著麥克風的胖虎 [19] 啊！

　　如果**翻轉**教室內要多增加師生間的討論跟對話，那我們到底該怎麼操作呢？

　　翻轉教室之所以被稱為**翻轉**教室，是因為它「Lecture at home, homework in class」的關係。目前常會聽到做過**翻轉**教室的老師或家長說：「進行**翻轉**之後，學生變得很累！負擔很重！」這完全出乎我的意料。因為我自己的學生在我展開**翻轉**之後，普遍都認為這樣的學習是比較輕鬆的，怎麼會台灣的中小學老師進行了以後，學生反而更累？

　　那到底問題出在哪兒？

19　胖虎是藤子‧Ｆ‧不二雄漫畫作品《哆啦Ａ夢》中的重要角色，舊譯為技安。歌聲極為恐怖，卻很喜歡唱歌，常常在空地開演唱會，並要求眾小朋友來聽。

　　問題在於，**翻轉**教室的核心概念是在家看影片預習，作業在課堂做，「Lecture at home, homework in class」。可是台灣許多老師就是放不開！「捨不得讓學生回家不寫作業！」所以有許多老師的**翻轉**變成「Lecture at home, homework at home」，只有翻半套。哇咧！原本的作業要寫，又要預習看影片，那當然累死了！事實上在目前的教育環境下，翻半套比不翻還慘！因為學生在繁重課業下會變得更累，自學效果打很大折扣！

13 步驟，按表操課輕鬆學翻轉

　　所以正確的**翻轉**，應該是把家庭作業全部取消。這才是一個完整的**翻轉**！給學生在家寫作業一點意義也沒有，因為大家在家的作業很多都是抄的，寫這種作業有什麼意義？浪費學生的生命，也浪費老師的生命。到底該怎麼做呢？BTS **翻轉**教室的做法，就是回家只看影片不寫作業，在課堂上一題一題按照下面介紹的方式去做。BTS **翻轉**教室也會讓學生訂正、互改，老師從此都不需要改作業了！學生還搶著訂正錯題，真的讓老師很輕鬆，學生又學得扎實，真的很棒！接下來，我們先介紹在每次上課，老師要完成的幾個步驟。

課前準備

步驟 ❶ 上課一週前在臉書社團公告預習影片連結：就如同前篇提到，要在臉書社團上公告預習影片的連結，學生會因為同儕壓力而更認真預習。臉書社團公告如頁 223 圖所示。

步驟 ❷ 上課前選好課堂上要用的題目：根據這次要求學生看的影片進度，選擇適合學生演練影片所教的觀念的題目。題目以適合學生五到十分鐘內解決為宜。如題目很大，最好再把它分解成數個子題目。上課前，將題目詳解再閱讀一遍，加深印象。

步驟 ❸ 上課前設定好「影片預習進度回報」之 Google 表單：這是要在課堂上讓學生在同組夥伴面前，再次正式回報自己預習的進度如何，是否有看完影片。沒有做到的人，將因此而感受到對不起夥伴的罪惡感，有助於下次更記得要預習。學期初告訴學生，每堂課這部分的回答結果會記入平時成績，請大家務必記得要看影片。若無法使用 Google 表單，亦可以紙本問卷，只是事後需人工整理較為麻煩一點。「影片預習進度回報」之 Google 表單如圖一（頁 233）所示。

步驟 ❹ 上課前設定好「課堂評分回報」之 Google 表單：

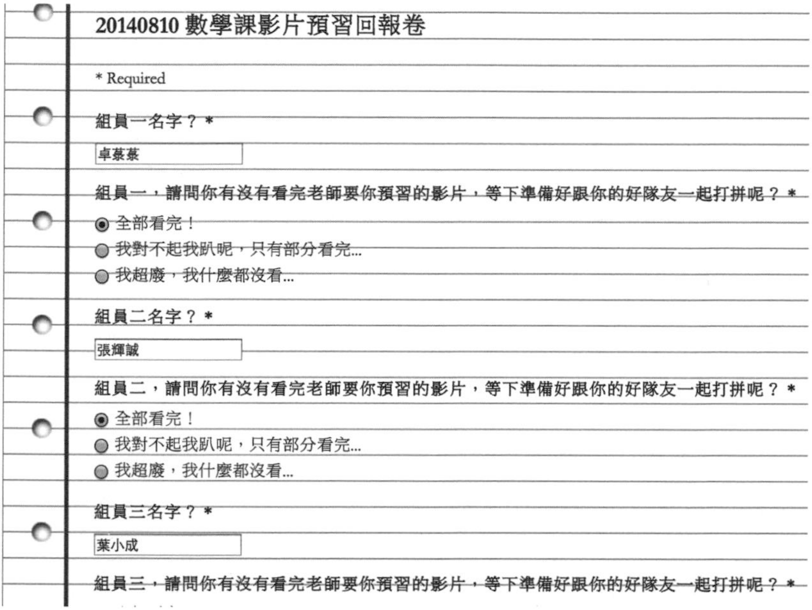
20140810 數學課影片預習回報卷

* Required

組員一名字？ *

卓蓁蓁

組員一，請問你有沒有看完老師要你預習的影片，等下準備好跟你的好隊友一起打拼呢？ *

◉ 全部看完！
○ 我對不起我趴呢，只有部分看完...
○ 我超廢，我什麼都沒看...

組員二名字？ *

張輝誠

組員二，請問你有沒有看完老師要你預習的影片，等下準備好跟你的好隊友一起打拼呢？ *

◉ 全部看完！
○ 我對不起我趴呢，只有部分看完...
○ 我超廢，我什麼都沒看...

組員三名字？ *

葉小成

組員三，請問你有沒有看完老師要你預習的影片，等下準備好跟你的好隊友一起打拼呢？ *

圖一：影片預習回報卷

BTS 翻轉教室的一個特色，就是讓學生作業都在教室做，做完後交給其他組同學批改。這是讓批改組的同學回報他們所改的那一組，在每一題的得分狀況。在上課時，老師給的每一個題目，組內的每一個人都要自己寫一份答案，彼此間可以討論。小組的得分是由這組同學裡面有幾個人對來決定。若這題有三人對，則該組在此題得三分。若只有一人對，那該組在這題得一分。這個表單，是在下課前要讓每一組同學回報他們所

填表者組別？（請填阿拉伯數字）

2

你們改的是第幾組？（請填阿拉伯數字）

1

第一題：

利用配方法，解方程式 $x^2 + 8x - 2 = 0$。

該組答對狀況？（四人中有幾人答對呢？）

1 2 3 4

○ ○ ○ ●

第二題：

設方程式 $x^2 - 3x + (k-1) = 0$

(1) 有兩相等實根，求 k 之值為 _____。

圖二：課堂評分回報

批改的另一組同學，在各題目的得分狀況，以讓老師做後續的
作業成績計算之用。「課堂評分回報」之 Google 表單如圖二
所示。

課中操作

步驟 ❺ 上課問學生有無影片看不懂的地方，並詳細回答
之。

步驟 ❻ 學生無疑問後,將「影片預習進度回報」Google 表單之連結分享到臉書社團,要求每組作答。

步驟 ❼ 接著開始做題目。每公布一題題目,讓學生各自寫五分鐘(或到約有八成同學完成時為止)。期間老師「周遊列桌」,見同學觀念正確、無需幫助,即到下一組。若同學觀念有誤,可給予稍許 Hint(提示)。若見多組同學觀念有誤,老師可待此題結束後,趕快跟所有同學重新解說。

這是傳統教學無法做到的!傳統教學,學生不願在課堂多人面前提問,所以老師上課時不知道學生有理解錯誤之處。作業又多抄襲而滿分,往往要到考試後才知道學生學習有問題。即便學生作業沒抄襲,等作業繳交、批改完成。老師發現有很多人理解錯誤,老師最快也要上課後兩、三天,才有機會重新跟同學解說大家理解錯誤之處為何。但在**翻轉教室**,老師可以透過第一時間參與觀察學生做題目、第一時間發現大多數學生理解錯誤在哪,進而第一時間跟同學解說補救。這是我教書十幾年來第一次有機會馬上發現學生學習的問題出在哪!

步驟 ❽ 老師隨機抽一人上台解說,同學需在三十秒內把紙本答案拿到實物投影機下投影到螢幕上,並解說給同學聽。

若答對，他所屬的組得一分，答錯則零分。（要隨機抽人而非抽組，以免同學會有倚賴組員的僥倖心理，而不認真做題目。）作答正確的同學，請他轉身面對黑板，老師詢問同學是否聽得懂他的解說？若有半數以上的人舉手表示他講得很清楚，他所屬的組再加一分。我在台大所開的簡報課，多年來都是由全體同學對台上簡報的同學評分，同學上台的表現明顯因此而愈來愈進步。翻轉教室中也做同樣操作，以獎勵加分的方式，自然誘導學生表達能力的進步。

步驟 ❾ 在同學解說完後，老師針對同學解法講評，以加深台下同學印象。務必要讓大家知道正確的做法是什麼。

步驟 ❿ 接著老師給台下同學三分鐘訂正，不管剛剛有沒有做錯，都有機會補救。組內做對的同學，可以幫忙跟沒做對的組員們解說，讓全組的人都做對。

這樣的做法，同學就會很積極的想要訂正，因為同學的分數還有機會補救。相較於傳統教學裡，作業成績都改完了，學生自然沒有動機訂正。另外，有老師會擔心這樣是不是幾乎所有同學分數都很高？這部分原本就不是要用來鑑別學生學習差異的。過去作業在家寫，學生都用抄的，大家還不是幾乎都滿

分呢？現在搬到教室來，雖然大家分數還是很高，但是所有的學生都扎扎實實的動手做了題目，也知道自己原先對錯在哪。這才是學生真正最大的收穫！

步驟 ⓫ 訂正時間結束時，每一組將自己三個人的三張解答，交由下一組同學們批改（第一組交給第二組改，第二組交給第三組改，……最後一組交給第一組改）。每一組的組長記錄所批改的組，在那個題目對幾題，下課前會回報。

步驟 ⓬ 公布新的一題題目，重複操作步驟 7, 8, 9, 10, 11，直到下課前三分鐘。

步驟 ⓭ 將「課堂評分回報」Google 表單之連結分享到臉書社團內，要求各組組長下課前完成「課堂評分回報」。未完成者或是事後發現批改有誤、回報成績有錯者，事後經同學申訴、老師查證屬實的話，予以扣分之嚴厲處分。

依照上面簡單的「課前準備」與「課中操作」，老師就可以完整實行 BTS **翻轉**教室了！這樣的操作，老師不用在課堂上聲嘶力竭，老師也不用再辛苦改作業，更不用擔心學生不訂正不知道自己錯哪。學生學習有問題，老師第一時間可以發現

並第一時間補救。學生作業不再作弊，都在教室實實在在的做過、訂正過，所以每週上課都學得非常的扎實。不再像傳統教學裡，學生總是平時抄作業應付，考試前才念書。＜ BTS 翻轉——準備篇＞所提到的目標，BTS 翻轉教室統統都達標！

27
BTS 翻轉──人文篇

只要老師能夠在要求的文本閱讀材料之外，
再多加一點引導性的資訊，
學生就可以靠自己做出完整的學習！

前面提到的 BTS 翻轉教室，除了數理工等科目外，經過一些調整後，也可以用在其他領域的科目上。

常常聽到老師說：「翻轉教室就是家裡預習、學校討論，這我老早就在做了！所以我老早就在做翻轉教室了！」這樣的說法，在人文領域尤其常聽到。很多人文領域的老師都會在上課前出閱讀作業，開出要學生在上課前閱讀的文獻材料。上課的時候，再基於這些學生閱讀過的材料，進行課堂的討論。所以許多老師認為，他們老早就在做翻轉了。這樣的說法究竟是否正確呢？

　　我想這個問題，答案在於翻轉教室的核心是什麼？很多人看到翻轉教室，都把焦點放在它跟傳統教學最不同的地方：「在家預習，在校討論。」然而，光是這樣的外在表徵，還不足以成為翻轉教室的核心。我認為一個成功的翻轉教室，必須完成兩大核心要務：「讓學生在家能自主完成有系統的學習」跟「讓學生在校能被有效評量個人學習成效」。這兩個是翻轉教室的核心，缺一都不可。

　　以前面為例，當老師在上課前一週開出要學生在上課前的文本閱讀材料，這是否有做到「讓學生在家能自主完成有系統的學習」？沒有，因為通常學生看著老師開的閱讀清單，他根本不知道該如何下手。即使讀了也是為了讀而讀，是一種零散式、無方向性、純為應付老師而做的閱讀。

　　學生做這種零散式、無方向性的閱讀，其實並沒有辦法從這當中得到完整的知識全貌。很多關鍵的問題，比如說：為什麼要讀這些東西？這幾篇文章的重要性在哪裡？這些文章在整個相關領域的發展中，其歷史意義為何？它們對後世的發展又有何影響？在這個學習過程中，統統都沒有被回答。而學生那種半吊子的閱讀，也不足以讓他們可以回答這些問題。換言之，「讓學生在家能自主完成有系統的學習」的目標，完全沒

有達成。

　　但是，只要老師能夠在要求的文本閱讀材料之外，再多加一點引導性的資訊，學生就可以靠自己做出完整的學習！這就是我們 BTS 翻轉在人文領域所強調的重點！

7 重點，錄製導讀影片

　　什麼樣的引導性資訊呢？我們建議要做翻轉的人文類老師，在每次的文本閱讀作業前都錄製一份二、三十分鐘的影片。這個影片的目的，不是為了取代學生在家的文本閱讀。因為影片不管再怎麼錄，都不可能取代文本閱讀的速度和知識內化的深度。製作影片的目的是為了要引導學生做有效率、有深度的文本閱讀。老師在每次公布文本閱讀作業時，一併公布這導讀的影片。影片中告訴學生：

1. 為何老師選這些文本材料？
2. 這些文本材料有何重要的意義？
3. 該以什麼方式去入手，依何次序來讀這些文本材料？
4. 在讀這些文本材料的時候，個別要注意的重點是？
5. 其他有助於學生整合這些文本材料的資訊。

6. 下次在課堂上要抽學生上台發表驗收的 3～5 個申論題。
7. 鼓勵學生從文本中提出好問題，以 Google 表單上傳，老師上課前選出好問題在課堂上讓大家彼此挑戰。

　　只要老師提供了這樣的導讀影片，學生在家裡的文本閱讀，就不再是零散式、無方向性的閱讀。看完這個導讀影片，學生就可以依循著老師在影片中的指示，做很深刻的閱讀。特別是上面提到的第六項，在影片中事先告訴學生在課堂上要他們上台發表想法的申論題。因為題目先被公布，學生的閱讀就不再是無方向的閱讀了。

　　怎麼說呢？我還記得以前我大一國文課修紅樓夢的時候，老師要我們每次上課前看五回紅樓夢。雖然老師上課的討論都很有意思，但是在家的閱讀作業真的是要了我的命。因為看那五回，只是為了看而看，根本不知道這五回有哪些重要的地方值得注意。每次的閱讀都只是手無意識的一直翻頁，讀到快睡著的眼睛掃過去，就當做看過了事。這樣子的閱讀，根本是虛應故事，完全沒有閱讀的成效。

　　但若是老師事先把下次上課對這五回所要討論的題目，事先跟閱讀作業一起公布。學生在讀的時候，他的閱讀雷達就會

打開。每讀一段就問自己：「這段文字跟老師問的那些問題有沒有關係？」「如果有的話，我該怎麼回答老師的問題？」當這些問題不斷縈繞腦中，學生的閱讀就不再是無方向性的閱讀了，而是很有效率、很有深度的有效閱讀。

因此，老師應該要打破傳統的「先閱讀、再發問」的模式，而是採以「先發問、再閱讀」。這樣才能讓學生更有動機作閱讀，這也是為什麼老師在做導讀影片時，務必預先公布課堂內要討論的申論題的原因。另外老師也應該鼓勵能力比較強的學生去做自己的思考，不要全被老師對文本的詮釋所限制。老師除了給問題外，也應該鼓勵學生在讀文本的時候提出好的問題，讓大家在課堂上可以彼此挑戰。能夠自己思考問出好問題的學生，在課堂上也會因為問出好問題而很有成就感，因此更願意自己去思考、去發問，進而自己與文本反覆辯證。

有的老師因為對影片的製作不是很習慣（其實很簡單的，只要去 flipTW.org 看過影片就可以很快學會！），會問：「導讀影片可否由講義取代？」

當然可以！老師也可以把導讀影片的內容，改以講義的方式呈現。只要老師能把前述的六點項目詳細的在三到五頁的講

義中完整呈現，讓學生也能據以做到「在家能自主完成有系統的學習」，是影片還是講義都沒有差別！

7 步驟，有效評量個人學習成效

在家有了導讀影片或講義之外，最前面提到，翻轉教室的另一個要件是「讓學生在校能被有效評量個人學習成效」。老師在學校的討論，不能只是隨意點人上台「盍各言爾志」而已。必須要有對應的成果評量。如果老師只是點人上台發表，講得好或不好也不算入成績，那學生會發現有沒有事先預習似乎沒有差別。因此老師務必要對教室內的討論發表，做完整的評量。最好的做法是仿效前面前一章〈實戰篇〉提到的模式，學生分組來操作，詳細的流程如下：

1. 每一題先給學生時間做小組討論，融合之前在家閱讀各自的想法。
2. 利用 Google 表單，讓每組學生把自己組的申論題答案輸入進去。
3. 老師根據學生上傳的申論題答案，選出跟老師想討論的觀點最接近的組上台發表，老師接著做深入的闡述。
4. 時間許可的話，老師隨機抽人上台發表，並予以講評。

5. 在臉書社團公布所有組上傳的申論題答案內容，讓學生在當天課後用 Google 表單做同儕互評。每位學生批改其他組別同學的申論題答案，成績佔 50%。
6. 老師跟助教亦進行同學申論題答案的批改，佔學生成績 50%。
7. 將得到最高評價的數組同學申論題答案，公布在臉書社團，特別表揚。

　　當然不同的課程可能會需要有不同的方式調整，不過只要大致依照上面的方式操作，老師便可以成功做到翻轉教室的另一個要件：「讓學生在校能被有效評量個人學習成效。」

　　再次提醒老師們，若只給閱讀作業不引導、只做課堂討論不評量，那可不能當做已經在翻轉喔！老師們只要依照上面提的步驟做好導讀影片或講義，再搭配 BTS 方式的課堂討論與同儕評分，即使是以文本閱讀為重點的人文類課程，也可以很成功的做到翻轉教室！

　　不過要注意的是，在大學裡面更高階的部分人文課程，其目的本身就是希望學生能夠透過文本閱讀培養學生自我發問、自我回答的能力。如果老師教的是這一類訓練學生提問的課

程，那事先給學生問題反而會限制了學生的思考。那到底該怎麼做比較好呢？

我們可以參考本書第 15 章＜案例分享 1：修課有如上線打怪！＞所提到的 BJT-Online，引進讓學生出作業的模式。之前我們是讓學生出作業的題目，相互挑戰，但這是用於教完課之後的作業驗收階段。如果我們把這個過程搬到文本閱讀的階段，老師不事先給學生問題，但是利用類似 Piazza 這樣的網路平台（這是一個可以讓每個班級建立一個專屬的類似奇摩知識家發問的網站），讓學生把自己在文本閱讀階段想到的好問題在上面發表，也鼓勵學生彼此解答，並延伸後續的討論。學生問的問題，以及幫人家解答的答案，大家根據其深度或是其他指標，由同學們按讚來選出最有深度，或是最多人覺得好的問題與答案。

這樣的做法，讓好的提問跟好的答案被同學們看到，也讓更多同學看到彼此不同的觀點，文本閱讀的思考更全面。這種一起打筆戰的學習過程，可以讓學生彼此在思考上有更多的刺激，也可以因為群眾參與而讓同學更有動機去做深度的文本閱讀。教高階的人文課程老師，不妨參考看看！

28
BTS 翻轉——迷思篇

翻轉教室，絕對不是只適合菁英學生，
而是適用於所有的學生；
只會讓學生更輕鬆，不會讓學生更累；
更讓老師有時間做「人師」，傳遞重要的價值。

　　目前外界常有一些對於**翻轉**教室的迷思。很遺憾的，有許
多是由於部分老師們對**翻轉**的操作不盡正確，以致產生迷思。
在此，我要針對這些迷思加以澄清，以免對**翻轉**不了解的老師
因為這些誤解的聲音，而對**翻轉**有錯誤的認知。常聽到的迷思
大概有以下幾樣：

翻轉教室只適合菁英生？

　　錯！只因為最近推動**翻轉**教室教學的老師，除了我之外，
其他有幾位老師是傳統高中名校的老師，就有人說**翻轉**教室只

適合菁英學生。這是完全錯誤的。翻轉教室在美國之所以近年來受到重視，是因為有美國老師在貧窮學區內，對學習成就很差的學生以翻轉教室的方式教學，結果學生成績竟然突飛猛進，直追好學區學生。這引起美國教育界很大震撼，大家也因此開始正視翻轉教室的教育成效。在台灣，均一教育平台最早是為了提升偏鄉教育，而先在台東推廣翻轉教室的教學，台東縣桃源國小的小朋友，因為這樣而對數學開始很有興趣學習，學習成就也進步很多。因此，翻轉教室絕對不是只適合菁英學生，而是適用於所有的學生！

翻轉教室會讓學生更累？

錯！如同前面實戰篇有說到，許多老師對翻轉教室的認知有誤，回家還讓學生寫作業。這導致學生回家除了原有的作業外，還要花時間看影片預習，這樣翻半套的錯誤操作，使得學生很累且對翻轉教室充滿負面情緒。請老師不要再翻半套了！要翻就要完整的翻！請不要再讓學生回家寫作業了，回家只要他們看影片就好！影片普遍都是上課時間的一半左右，所以一堂四十多分鐘的課，在家預習的影片大約是二十分鐘左右。即使一個班同時有三個科目做翻轉，如果學生在家都不用寫作業的話，看一個小時的影片也是很輕鬆愉快的。翻轉教室只會讓學生更輕鬆，不會讓學生更累！

翻轉教室會使學生抗拒？

亦錯、亦對。這主要是學生進校多久的問題。在大學裡，如果老師在學期中才宣布教學上有大改變，學生往往都很抗拒。那是因為經過了半個學期，學生早已生成了一套應付這個課程的最有效率模式。如果老師做大改變，學生自然很抗拒、很不爽。因此我做任何教學上的改變，都會從新的一批學生、自學期初開始。在國中、高中做翻轉也會有類似的情形。從國、高中一年級新生開始做會比較好。因為二、三年級的學生，已經經過了一年以上的傳統教學方式，突然改變教學方式，對他們來說壓力會比較大，也比較抗拒。至於一年級新生剛進來，原本就不知道新學校的教學方式為何。直接用新的方式教他們，將不至於有太大的抗拒心理。

翻轉教室會遭家長反對？

在中小學做翻轉教室的老師，通常都會在一開始跟家長多溝通。主要是讓家長了解這樣教可以讓孩子學得更好，卻又很輕鬆。有的老師很有心，會蒐集翻轉教學相關的文章跟報導，寄給家長們看。通常多做這樣的溝通，老師碰到的家長問題就不會太大。所以想做翻轉教室的老師，請記得要事先多跟家長交流相關訊息、多多溝通喔！

　　BTS 翻轉教室的操作，可以讓老師跟學生都輕鬆，但又能維持高品質的學習效果。這樣的學習，還能夠提高學生的學習動機，並養成學生自學的能力。這對孩子的未來實在是太重要了。對老師來說，這樣的教學可以讓老師有更多的空檔，更有時間來做「人師」，傳遞重要的價值給學生，並提高學生的生命高度。老師的生命，也因此更有價值了！

　　希望透過 BTS 翻轉教室的操作方法，能幫助更多的老師，成功做到翻轉教室！

Part VI
營造動機篇

————————

老師應該在每學期的第一堂課，
讓學生知道為什麼他這門課要這樣設計？
這樣教可以讓學生得到什麼？
這對學生的未來又有何重要的意義？
如果老師真的有用心去點燃學生的熱情，
那這門課才有機會成功！

29
Teach like a coach!

―――――――

一個好老師，就好像 NBA 球隊的教練一樣。
他要能在更衣室內，演說得讓球員熱血沸騰，
人人都想上場拚命！

之前應邀在廣達基金會舉辦的 Game Based Learning
（GBL，遊戲式學習）工作坊演講。演講完，有一位大學生來
找我。這位同學告訴我，他們系上有位老師，也很用心的設計
遊戲融入課程；但好像系上的學弟妹都沒有什麼衝勁，對課程
不很投入。最後同學問我：

「老師，請問是不是不同學校的學生，學習衝勁不同，所
以你提的遊戲融入教學的做法，在不同的學校就可能不適
用？」

　　這是我最常聽到的問題，也是過去一年常在外面演講分享翻轉教學的老師們最常聽到的：

　　「那個方法，台大才有用啦！」
　　「他是因為教中山女高，所以才能這樣教啦！」
　　「還不是因為是在北一女！」
　　「她一定是每年運氣都很好，總是分到好學生，所以才能這樣教啦！」

　　許多好老師，在聽到新的教學方法時，第一個想的是怎麼把它融入在自己班上。但也有許多老師，聽到新的教學法時，總是先找理由來說服自己：「這個新的方法在自己班上是行不通的！」說服自己後，他們就可以繼續很安心的守舊不變了！How convenient!! [20]

　　同學問我之後，我思索了一下，要怎樣跟他解釋為何我不認同他的結論？如何才能讓他聽懂？沉吟片刻，我對他說：

　　「同學，一個好老師不能自以為，只要花了時間把教學法

---

20 譯文：這也太便宜行事了！

設計得好、設計得有趣，學生自然就會投入學習。」

「一個好老師，就好像 NBA 球隊的教練一樣。一個好教練，只懂戰術是不夠的！更重要的是，他要能在更衣室內，演說得讓球員熱血沸騰，人人都想上場拚命！如果一個教練只會設計完美的戰術，卻無法做到打動球員的心，讓他們願意盡心執行他的戰術。那這個教練，仍是個失職的教練。」

「因此，老師不能只是因為教學方法有用心設計就滿足了。雖然這樣已經比那些永遠不變的老師好，但這還不夠！除了教法設計得好外，老師還要能像球隊教練一樣，在學期初就讓學生燃起雄心壯志，願意在接下來的學期用心努力！」

「所以，老師應該在每學期的第一堂課，讓他的學生知道為什麼他這門課要這樣設計？這樣教可以讓學生得到什麼？這對學生的未來又有何重要的意義？如果老師真的有用心去點燃學生的熱情，那這個課才有機會成功！」

「若老師只滿足於自己教學方法的設計而沒點燃學生熱情，在看到學生不願投入配合時，總歸因於自己學生衝勁不

足、一切都是 they[21] 的錯。那就真的很可惜了⋯⋯」

如果沒有辦法燃起學生的動機，只是用逼的、用兇的，學生是不可能對學習有熱忱的。要讓學生有學習動機，老師真的要用心去經營。傳統教學中老師一聲令下，學生就乖乖按表操課，這是行不通的。因為學生一直在變，每個世代的學生的思維都不一樣，因此每個世代的老師也都必須要找到自己能真正驅動學生的方法。這也是我們老師一輩子最重要的功課！

Let's teach like a coach! Teach well and light up their hearts![22]

只要老師用心了解學生、贏得學生尊敬、闡明所學之用、同儕互評互助，學生將會更有動機來學習。怎麼做到呢？詳見後續分曉！

21　「都是 they 的錯」是 Ptt 的一句流行語，用來酸人卸責。

22　教學要像教練，把書教好，同時也能點燃學生的熱情。

30
你真的了解你學生嗎？

當老師把學生當過客時，
學生把你當過客敷衍你的課，
也只是剛好而已。

你了解你的學生嗎？

閉上眼，你剛剛教的那個班級的學生，你記得起多少人的
臉孔？

這些臉孔中，你又記得住多少位的名字？

叫得出名字的那幾位，除了課業表現外，你還知道他們什
麼？

還是，你甚至連他們的課業表現都不記得呢？

　　自從在台大教書後，我每年都會參加系上同學的畢業典禮。我覺得既然教過大家，在畢業的時候，我應該要好好送他們一程。因此每年不管多忙，我一定會參加系上的畢業典禮。在台大教書九年，沒有一次缺席。

　　還記得 2010 那年的畢業典禮，我坐在台上看著台下兩百多位電機系大學部的畢業同學，一個個上台接受撥穗。隨著儀式的進行，我的思緒漸漸飄開。

　　看著一張張志氣昂揚、即將離開校園的面孔，一個問題突然在我腦中浮現：

　　「Do you really know your students?」

　　我真的了解他們嗎？在台下這些面孔當中，我只記得那幾張臉上課常問我問題、那幾張臉是我的課修得很好的、那幾張臉是修得比較吃力的。除了課業之外，我似乎對他們一無所悉！台下這兩百多人當中：

他們這屆最會辦活動的是誰？

他們這屆最會 social 的是誰？

他們這屆最會做簡報的是誰？

他們這屆最會講話的是誰？

他們這屆最會寫文章的是誰？

他們這屆最會打籃球的是誰？

他們這屆最會畫圖創作的是誰？

他們這屆最會玩音樂的是誰？

他們這屆最會領導大家的是誰？

他們這屆最會屁話的是誰？

他們這屆最幽默的是誰？

他們這屆最有人緣的是誰？

……

　　我發現除了他們上課的表現跟成績好壞之外，我完全回答不出這些問題！自從我到台大電機教書，系上每年都會找我幫忙對高中生演講，鼓勵他們來念電機。結果這些高中生畢業來念之後，過了四年都要畢業了，我居然回答不出這些問題？我年年來這參加畢業典禮送學生離開，心裡自我感覺良好以為自己多有心；結果到頭來，四年當中對這些學生除了課業外，完全不了解。心底幽幽傳來：

「有心？到頭來，你也不過是把學生當過客罷了！」

不當過客，絕非路過

這感覺好像是在戲院外吆喝陌生的觀眾進場，在冗長的戲中等著自己上台的剎那奮力演出。謝幕時，台上演出的對台下看戲的揮手告別。台下的，或許依稀記得台上光輝亮麗的一面。台上的，可曾記得台下的任何一張面孔？曲終，燈亮，人散，又該是去外面吆喝另一群生面孔來看戲的時候了。

當老師把學生當過客時，學生把你當過客敷衍你的課，也只是剛好而已。想到這，我在畢業典禮台上猛地冒出了一身冷汗，心底傳來另一個聲音：

「你不該只是一個把學生當看戲、當過客的演員！你該是雕塑他們、讓他們成長改變的老師才對啊！」

於是，從 2010 年畢業典禮的隔天起，我開始從臉書上、從舞台上、從球賽場上、從活動上，努力的去接觸、認識、了解我的學生們。做為老師，我覺得我們不該像工廠只管將材料灌入鑄模，壓出一個個狀似相同的產品就好。我們應該要像一

個雕塑師父一樣，先觀察了解在自己手上的這塊是什麼形、什麼料，才知道怎樣利用因應材料本身的特色去雕塑出完美的成品，就如同翠玉白菜利用了玉石原有的紋路而成為藝術的瑰寶一般。

在認識學生的過程當中，我每每驚訝於之前學生從未曾被我看到過的那一面。那個在班上乖乖上課很溫順的學生，上了野台後竟然是一個聲音超級高亢、台下眾多外系粉絲為之瘋狂的 rocker（搖滾歌手）！那個上課常常不小心度估的學生，在球場上竟是那麼樣火爆的拚命三郎！那些很用功的女孩，在電機之夜的舞台上個個變身成為活力四射的舞者！那個斯文有形的博士生，居然是音樂電玩比賽全國第三名的強者！

常碰到老師跟我說：「當老師的，不需要去跟學生交朋友、討好學生！」

其實，這不是討好學生。每個人都有屬於自己的亮點，也都喜歡自己的亮點被發現、被看到。如果一個老師看到的永遠是學生課業上的種種不足之處，每次講的都是學生的學習哪裡不好、哪裡要改進，學生感受到的永遠是挫折。這樣子很難讓學生燃起跟這個老師學習的動機。

　　看到學生亮點多重要？很重要！孔子是我們最好的典範！他老人家平常連顏回只吃一碗飯、喝一瓢水這樣的情報都有所掌握。以我們對顏回的認識，顏回應該不是會到處去跟老師、同學炫耀說自己節食多厲害、多了不起的那種人。這應該是孔老先生平常自己關注學生、透過跟學生之間「啦咧」（聊天）所得的情報。得到這種珍貴情報後，找機會狀似不經意的誇獎給其他弟子們聽。而且孔老最厲害的，是間接誇獎人後再透過耳語傳到顏回耳中。

發現亮點，關懷哀傷

　　如果你是顏回，你聽到了怎能不感動？「平常我在老師身邊只是個內向文靜的阿宅，每次想到的答案都被宰予、子路搶去講。沒想到我們老師會這麼關心我阿回！連我課外的事情都知道，還誇獎給同學聽。啊～士為知己者死，碰到這麼欣賞我的老師，我阿回怎能不用心向學！老師！你叫我寫再無趣的作業，我阿回一定盡力完成！老師，就算該死的同學吃飯時故意點了麻婆豆腐，我阿回也會堅持只吃一碗飯、只喝一杯水的！」

　　當老師的，又何嘗不是這樣？有時候主管指派我們去做一

些很無趣的任務，我們心中咒罵不已。但當主管最後又加了一句：「你今天穿的靴子真漂亮！真有品味！」

「好吧！主任，除了穿堂的母親節海報外，活動中心的海報我也包了！」

除了亮點之外，我們也發現很多學生在堅強的外表下，其實有很多需要幫助的地方。曾經在臉書上看到女同學在期末考時遇到失去親人的悲傷，於是請系上告訴她導師，隔天看到女同學寫「導師的關心，讓她覺得這世界很溫暖」；曾經看到對電玩上癮想戒而戒不掉的同學，我們大家一起監督他戒掉電玩；曾有同學因為研究所想念的方向跟家長想法不同而很痛苦，於是我跟家長講了一個多小時的電話，讓他得以順利追尋自己的夢想……

付出真心，真心回饋

種種的例子，讓我們發現除了課業之外，學生其實還有很多需要我們老師幫助的地方。若我們不去了解，誰能了解？若我們不幫他，誰來幫他？難道我們告訴自己：「教官跟職員會負責。」我們晚上就能安心入眠了？老師是凡人，當然沒辦法

幫所有學生的忙。但即使沒辦法幫忙，至少可以對學生多生出一份體諒跟關懷。想想看，當學生的家裡發生變故時，若老師毫不知情，只是一直指責他上課不專心聽、題目都答不出來。在學生的心中，這老師大概是阿修羅[23]的形象吧？如果在學生心中盡是阿修羅形象，這老師又如何能讓學生用心向學？

當老師願意去認識自己學生課外的一面時，學生在老師的心中將不再只是一個個上課時頭不斷做垂直方向簡諧運動[24]的小機器人，而是一個個有血有肉的人。我們做老師的，有誰願意對機器人付出真心呢？當你認識了你的學生、看到他們有血有肉的一面時，你才會願意付出真心，也才有機會得到學生真心的回饋。

我怨諸生皆如石，料諸生怨我亦如是。
我見諸生皆似人，料諸生見我亦如是。
我待諸生皆真心，料諸生待我亦如是。

23　阿修羅原是印度遠古諸神之一，被視為惡神，屬於凶猛好鬥的鬼神。在佛教中是六道之一，是欲界天的大力神，也是半神半人的大力神。

24　簡諧運動（Simple harmonic motion）是一種最基本也是最簡單的機械振動。當某物體進行簡諧運動時，物體所受的力跟位移成正比，且所受的力總是指向平衡位置。

閉上眼，剛剛教的那個班的學生，還記得多少人的臉孔？
記得多少名字？知道多少他們課堂外的面貌？

Do you really know your students?

31
你有贏得學生尊敬嗎？

一個老師的教學傑出，
很多時候不只是因為教學技巧或方法，
也包含了他對學生的關懷、指引，
以及人生經驗的分享。

我去各大學對教授們做教學相關的演講時，常在 Q&A 時聽到教授們問類似的問題：「我的學生就是沒心想學，怎麼辦？」

自從大學廣設後，學生很容易就能上大學。很多人都把現在大學生無心向學的問題，歸因於上大學很容易，所以無心向學的人也進了大學，以致學習風氣低落。但真的是這樣嗎？

大學生無心向學，這當中有制度面的因素，也有教學面的

因素。制度面的因素，最主要的是學分太重，大學生修太多課，以致教學無法科科都很深入、扎實。

另一個學生無心向學的因素，我認為是來自教學面的。關鍵就在於師生的關係太過疏離了！在小學的時候，老師跟學生一整年天天都在一起，所以關係非常密切。在大學裡，很多學生都只被老師教過一學期，而且一星期才見一次面。你說，這樣的師生關係是能多密切？

除了疏離之外，更重要的是，大學生對老師沒有尊敬。在小學，老師只要突然虎眼圓睜，小朋友就不敢造次了（這是我個人對小學的遐想……)。在大學，管你虎眼鳳眼，你說你的，他上他的臉書。Why？因為大學生根本對你沒有尊敬啊！

大學教授聽了都心有戚戚：「對啊，現在學生都不尊敬老師！看到我都不打招呼！超沒禮貌的！」

等等……這不是我的意思啊，是誰說學生見到老師就一定要打招呼的？就因為你的職稱是教授，他是學生，他就應該畢恭畢敬的跟你打招呼嗎？即使他真的基於你的身分而跟你打招呼，那又有什麼意義？

　　重點是，你到底有沒有 earn your students' respect? 尊敬不是靠頭銜，是要靠自己去 earn 的。做為一名教師，如果沒能夠去 earn 學生對你的尊敬，只想著我是師、你是生，所以你理當如何如何，那這樣的師生關係必然是個悲劇（這裡講的悲劇不是櫻井幸子跟真田廣之那種悲劇[25]……）。

關鍵，不在教學技巧

　　2013 年，我參加台大優良導師的頒獎典禮的時候，赫然發現跟我一同得獎的幾位老師中，有好幾位也是之前台大教學傑出獎或是教學優良獎的得主。這代表著什麼？一個老師的教學傑出，很多時候不只是因為教學技巧或方法，也包含了他對學生的關懷、指引，以及人生經驗的分享。這些使得學生願意尊敬他們、願意跟隨著老師在專業知識的學習上努力。

　　老師一旦贏得學生的尊敬，你出再枯燥、再無趣的作業，學生也會用心去做。因為他心裡想著：「這是阮師仔出的作業，師仔要我們做這樣的題目一定有他的用心。我不能辜負阮

25　經典日劇《高校教師》的男女主角。該劇主題為師生戀，劇終師生兩手互繫紅線，相依偎著長眠於電車上。

師仔的用心！」（他可能不知道這是他師仔前一天喝茫（醉）了亂勾的題目⋯⋯）學生尊敬你的時候，他沒達到你的期望時，他會覺得內疚、罪惡、對不起老師。

於是，他會很認真的跟隨你的指示，用心向學！

反觀沒有得到學生尊敬的老師，即使在教學上很用心準備各式各樣的教材，精心設計很有教育意義的作業，可是學生根本無心去做。再怎麼精心設計的東西，學生都覺得好累、好煩，只覺得老師在刁難他們。老師好辛苦、好心酸，萬萬沒想到自己一片丹心招憤青。久而久之，心疲了，力盡了。

於是，心如古井，不再生波。對教學也不再有熱情了⋯⋯

明明都是對教學很有熱忱的老師，有沒有得到學生的尊敬，竟會導致截然不同的結果！那我們該怎麼贏得學生的尊敬呢？其實，答案我們很早就知道了。

我還記得在我剛回台大電機系教書的時候，我們系上的許博文老師（台大電資學院創院院長）曾在一次會議中對我們許多教授說：「你們大家都以為人家稱呼我們『教授』比稱呼我

們叫『老師』高級？大錯特錯！師者，傳道、授業、解惑也。在大學課堂上，都只教專業的知識，很多老師都不跟學生講做人做事做學問的道理。學生有問題也不會想來問教授。到頭來，做為老師的三個要件，在大學裡只做到一件：『授業』。所以不夠資格被稱為『老師』，只能叫做『教授』啊！」

關鍵，教他做人做事做學問

是的，答案其實很簡單，要贏得學生的尊敬，就是當一個真正的老師！當一個會教學生做人做事做學問道理的老師，當一個讓學生碰到焦慮、疑惑的時候會願意信任你、來求助你、請你解惑的老師。不要再想「做人做事的道理是國中、高中公民老師的責任」，不要再想「二十歲，已經是大人了不需要我們來教這些」。你看看顏回、子路、子由他們年紀多大了，還不是天天乖乖立正站好，聽孔子教他們做人做事做學問的道理？只要是學生，就需要我們教！如果老師不教學生做人做事做學問的道理，每天只教他傅立葉轉換、維特比演算法、機率質量函數這些專業知識，怎麼會有學生因此而對老師尊敬？（也不是沒有啦，就是有那種萬中選一的奇葩……）

如果我們真的有心要做，該怎麼做呢？以大學生為例，就

我輔導學生多年的經驗，我發現台灣的大學生，很多人在大三、大四相當焦慮與徬徨。主要是他們從小學、國中、高中、乃至於大一、大二的必修課，一直以來都是被人決定、任人擺佈的。一直到大三、大四開始要決定選修課的時候，他們開始要做抉擇了。這些抉擇跟以後要念什麼研究所、做什麼工作都有關係，所以他們也開始要思考畢業之後的職涯與人生。這些孩子過去二十年來從未做過任何重大抉擇，現在突然要去思考、決定未來職涯與人生，這對他們是很大的壓力。

所以大三、大四的學生對未來的人生道路，常有著高度的焦慮跟困惑。他們很需要長輩們分享自己的經驗讓他們參考。身為老師，其實也不用多，只要每週上課用五～十分鐘跟學生分享一下你過去的人生經驗，學生就會心存感激。你可以跟他們分享當初你選研究所時的焦慮？你如何做人生的種種抉擇？現在一、二十年後回頭看當初自己的抉擇，你是懊悔還是慶幸？如果重來一次，你會做怎樣的抉擇？

你分享的種種人生經驗，對這些幼苗而言，都是最好的養分！於是，你在學生心中不再是那個嘴巴只會唸出「機率質量函數」這些艱澀咒語的機器人。當你願意把你青澀、焦慮的過

往與他們分享時，他們開始覺得你跟皮諾丘[26]一樣，從木偶變成一個有血有肉的人。他們會感激你的分享，自然也會打從心底的尊敬老師。這時候你在教學上的種種用心與付出，他們才會真的看在眼裡，也才會真的用他們的心去體會。

一旦學生尊敬你，要他們去證明二十題傅立葉轉換的公式也不成問題！

（好吧，我承認我有點太誇張了。做十題的話應該是差不多……）

套句「料理東西軍」的著名台詞，當教授？還是當老師？今夜、ご注文はどっち[27]？

26　即小木偶，那個每次說謊，鼻子就會變長的木頭小男孩。

27　譯文：今晚你要點哪一道菜？

32
老師！念這個有什麼用？

做為老師，我很擅長的是
在專業之外多去思考更多我所教的課程，
對學生還可以有什麼其他的意義？

日前有一位大二同學約我喝咖啡聊天。這位同學是位相當聰明優秀的學生。在台大讀了一年半之後，對於學習，有些想法也有些疑問，所以找我聊。當中聊到了個問題，他問我系上安排的這些課，以後到底有什麼用？有些課好像修了以後也不見得用到。如果是這樣，那何必要他們花時間修？

是啊，這似乎是很多同學在修課、念書時會產生的疑問：「我念這個到底有什麼用？」特別是在期末考前熬夜念不完時，這謎之聲便不停的在腦海中反覆出現，彷彿是電音歌曲的旋律，久久揮之不去。

　　一個課有什麼用，確實是很重要的問題。我在本書第 13 章<「老仙角」的二十一條>（頁 117～126）曾提及，我的教學啟蒙老師耶哥教授來台演講時，就對大家耳提面命：「老師最重要的工作就是要讓學生知道修這門課有什麼用。學生知道之後，才會有動機學習。」

　　所以讓學生知道修這個課有什麼用，是老師們的義務。不過，這樣的問題，每個人都會有很主觀的看法。老師的看法並不見得是唯一的面向，特別是老師屬於專業的人士，有時候看法會比較偏重在專業面而不夠全面。做為老師，我很擅長的是在專業之外，多去思考更多我所教的課程，對學生還可以有什麼其他的意義？只要老師能夠做到這一點，你便可以更有機會營造學生學習的動機！

　　乍聽起來，好像摸不著頭緒，對吧？這邊我給大家一個例子。「計算機程式」是許多電機系所的必修或選修課程。修「計算機程式」到底有什麼用呢？直覺的答案是：「學了之後就會寫程式了」、「會寫 C/C++ 程式以後才能修下一個 XX 課」、「學會了之後在業界比較好找工作」。這些答案對不對？都對。但是學寫程式的用處就僅僅是這樣嗎？

　　寫過程式的人都知道，寫程式最痛苦的，就是要抓蟲（debug）。所謂的「蟲」，指的就是自己寫的程式碼中的錯誤。只要有蟲沒抓完，程式就無法正常運作。可是我們寫的程式，往往有成千、甚至上萬行的程式碼。一旦程式無法運作，要如何知道蟲兒們到底躲在哪些地方呢？特別是程式寫得不好的人，程式碼往往都是寫成一大坨，main（）函數[28]總是寫得特別肥大。一旦程式出錯，實在很難抓到蟲。有道是：「只在此坨中，坨深不知處。」

賦予意義，抓蟲如抓包

　　程式課程最重要的訓練，就是要大家學會抓蟲的功夫。為了抓蟲，寫程式不能再寫成一大坨，而是要學著把程式的功能切割成一個個獨立的小模組，分別寫出程式碼，最後再把所有的小模組串起來完成程式。由於這些獨立的小模組的功能都不是很複雜，程式碼的行數也不是那麼多，所以每個小模組運作正常與否，可以很容易的測試出來。相較於一大坨的程式來說，要抓蟲就容易多了。舉例來說，如果有幾隻螞蟻跑到一個餅乾甕中，要找到所有的螞蟻會很困難。但如果餅乾當初是被

28　所有 Objective-C 的可執行程式必定有 main（）函數，main 表示「主函數」。

分割成一小包一小包，那我們可以個別檢視每一包。要抓到所有的螞蟻，就不是那麼困難了！

講到這邊，修過程式課的人可能都覺得我在說廢話，這些大家早就知道了。不過，大家可不要輕忽了這程式課所訓練出來的「抓蟲心法」。這心法可不是只有寫程式或電路設計才有用的，到處都有用！舉例來說，如果你以後在職場上當了某個團隊的主管。這團隊每次執行專案都會失敗，可是老是找不到癥結出在哪個人身上。當一個工作有十個人一起合作時，誰擺爛導致工作失敗，實在很難看得出來。但是如果把工作切割成小塊，分別讓不同人操作。這時候誰擺爛，只要看各小塊的工作成果便一目了然。你說這「抓蟲心法」，管不管用呢？

所謂的抓蟲心法，其實就是訓練你在出狀況的時候，可以快速的區隔、進而找出所有出錯點的能力。這樣的功夫在你的未來，不管是管人、管事、管物，都非常有用。可是很多人並沒有這樣的體悟，只把程式課定位成純粹專業的課程，實在很可惜。

你看，光是一個程式課程，在專業之外居然還可以有這麼多面向的意義！當我跟學生這樣分享後，學生想學好寫程式的

動力就更強了！

　　我再舉一個例子。我在台大所開的簡報課程，我們一直強調一個精神：「要了解你的觀眾，再從觀眾的角度出發去審視你的簡報。」這個精神，是只有做簡報有用嗎？不是的，這樣的精神在寫文章、寫論文，甚至開發產品上都是很有用的。

培養洞察力，體悟所學

　　以開發產品為例，開發者一定要先做市場調查，了解消費者，接著再從使用者的角度出發去審視自己的產品功能。唯有這樣，才有可能做出消費者覺得很棒的產品。你看，這樣的精神，跟我們簡報課要傳達的精神，是不是完全符合呢？

　　你看，當我們這樣告訴學生，學好簡報課對他們在簡報之外還有什麼成長時，他會不會更想用心學好做簡報呢？

　　所以我認為一個好老師很重要的是，他有沒有能力去探究課程本身在專業的表象之外，還有沒有其他的意義存在？還有沒有其他可以被應用的地方？更厲害的老師是，除了自己有這樣的能力外，他還會去培養他學生有同樣的洞察力。讓他的學

生除了聽老師的說法外，也能靠自己來發掘自己在學習的過程中，究竟體悟到什麼，並深入思考這些學到的東西對他們的未來有何意義？

　　不管是老師或學生，當我們在面對一個課程的時候，都應該要多花點心思來思考，究竟這課程對我們的未來有什麼用。老師的答案或許會比較局限在專業的思考之中，但是我們要試著讓自己的思考更全面、更有突破性。不要只注重在修課所學到的「知識」有什麼用，應該多花點時間思考在這個過程中，可以學到什麼樣的「心法」，而這個「心法」對學生的未來人生有什麼用？

　　一旦你能找到屬於你自己的答案，恭喜你，你也晉升高手之列了！營造學習的動機，對你來說將是易如反掌！

33
現在學生不一樣，他們根本不想學！

老師最重要的工作，不是講課，
而是燃起學生的動機。

近年來，我最常被邀請演講的題目是：「如何讓學生有熱
情跟動機學習？」

在這演講中，我通常講述的是我這幾年所研創的「For the
student! By the student! Of the student!」的教學新思維與新方
法。很多老師在演講後寫信跟我說很受啟發。

但我也常碰到他校老師無奈的說：「葉老師，我的學生跟
你的不一樣，他們從一開始就不想學。」「我很努力教，可是
一大半的人根本不想聽課。」「很多人根本不來上課，只等著
老師給他過關！」

　　我心裡常想，真的是這樣嗎？難道真的沒辦法讓這些學生樂於學習嗎？我不相信。我反而心裡認為，如果老師一開始就認定自己學生不想學，學生怎麼可能會想學呢？

　　但這些心裡話，我說不出口。因為我沒教過別校的學生，說什麼都沒有說服力。甚至有人曾在網路上攻擊我，說我在台大教書所以不知人間疾苦。但是我接下來要跟大家分享的真實故事，讓我更篤定我的想法是對的！當老師的，最重要的工作不是教，而是讓你的學生有動機學習！

　　有一位我教過的學生，博士畢業後在某私立大學夜間部教書。她是一位很熱血的新手老師，她以自己私立大學畢業的經歷，很用心的鼓勵學生努力學習。她告訴學生們，只要大家認真，以後也有機會跟她一樣走出一片天。

　　雖然她很熱血、很用心，但是學生學習狀況不好，很多學生都對她愛理不理的。有一天她終於很失望而爆氣，教訓了學生一頓。我無意中得知這件事，於是就關心了一下她的狀況。原來這課是程式相關的課。我認為學生不想學的原因，就是因為沒有動機！雖然她有以自身經歷鼓勵學生，但又不是每位學生都想念博士。我認為這樣的鼓勵是不足以燃起學生動機的。

連結未來，引爆動機

　　該怎麼做呢？如果大家是老師的話，你覺得該如何引起這些學生的動機呢？

　　我告訴她，要讓學生確切感受到這課真的對他們的未來有用，他們才會真的用心學習。於是，我建議她先在課堂上，跟學生們討論在三十歲時，生活開支大概是多少？幫他們一樣樣來算：

手機要不要上網？	當然要上網吃到飽！一個月 1,500 ～
要不要看電影？	當然要！一個月要看四次！一個月 2,800 ～
要住市區還是邊陲？	當然要市區！
要住雅房還是套房？	當然要住市區套房！有自己的衛浴才方便！一個月 15,000

……

　　這樣子林林總總結算下來，一個月要花三萬五以上。接下

來利用人力銀行的網頁，去調查一個剛畢業沒有程式專長的人，一個月薪水大概是多少？發現跟三萬五差很多。這時候開始把他的生活降級：

手機上網？　　可能不行了喔～

看電影？　　　可能只能四個月看一次喔～

住哪裡？　　　可能只能住在外縣市邊陲區域～

套房、雅房？　可能只能住雅房跟人家一起分享衛浴了～

問問看學生，這就是你所能負擔的生活，這樣的生活是你要的嗎？如果不想要這樣的生活，那再多加一條程式設計專長，重新搜索一次人力銀行資料。發現薪水多了一萬。手機現在可以上網囉！雖然沒辦法住市區，但是可以住套房囉！一個月可以看兩次電影囉！再問問，這樣的生活你們能接受嗎？

問他們想不想未來二十年都像前面說的那麼悲慘？還是想好好學這個程式專長，讓自己未來過得不那麼悲慘？

很高興，她聽了我的話，用心地上網找了很多有關於現在求職的重點，還有大公司需求的人才，也整理了四個最受歡迎的工程師工作（都是需要會寫程式，也一一列出薪水），用

PPT 詳盡的給學生看。她很用心的跟學生說明，為什麼好好學習這門課對他們的未來很重要。結果非常成功！學生不再愛理不理的，下課時好多人留下來幫忙收拾，甚至打掃教室。她很高興的跟我說這個事情，我也非常的為她高興。

這讓我更加確信，老師最重要的工作，不是講課，而是燃起學生的動機。如果沒有燃起動機，就算講得再好、再多，那也是對牛彈琴，浪費老師也浪費學生的生命。

建立動機，值得耗時費力

以我的簡報課為例，我每學期都會花一週告訴學生這課對他們未來有什麼用、有什麼幫助、不懂這個以後會多吃虧。學生聽過之後，就會很有動機學習。要他們用三週的時間畫 PPT 動畫的作業，我也會充分溝通，告訴他們這作業對他們未來有什麼幫助。不然你說誰會花那麼多時間，去做這種看似莫名其妙的作業？

燃起學生的動機，真是再重要也不過啊！就算多花一兩週的時間也值得！只要燃起了動機，學生的學習效果自然就會好了。有的老師說：「我有試著建立動機啊！可是沒用！」問怎

麼建立的？他說：「我跟他們說過學好 XXX 很重要，以後很有用！」

這樣的說法，是無法燃起學生動機的。只跟學生說這很重要、這以後有用，只會讓學生覺得老師在倚老賣老，一點說服力也沒有。你要拿實際客觀的數據（例如人力銀行的給薪資訊、自己預想的生活開支等），去跟學生討論，這才有說服力。

不過值得注意的是，這個班級是私校、職校的程式課，所以我才建議老師用工作待遇來鼓勵同學。面對不同領域、學制、類型同學，老師就要以不同的訴求來燃起學生動機。追求知識的真、創作的美，對不少同學也是有用的動機。比如告訴他學會這個以後就可以有能力去讀懂哪些更高深的知識；或是學會這個技法就可以開創出什麼樣新的藝術表現形式。不同類型的學生，應該要用不同的動機去鼓勵他們學習！

我真心希望老師們，不要再以自己很用心教可是學生無心學的經驗，就直接下結論說我們學校的學生就是比較不想學。其實我們自己可以反思一下，到底花了多少心力在建構學生的學習動機上呢？如果我們當老師的，心中已經預設了學生就是

不想學，那學生怎麼可能還會好好學呢？

　　經過這次的經驗，我以後將會更有自信的回答這些老師：

　　「老師，你的學生沒有什麼不同。只要我們能努力燃起他們的動機，你還是可以讓他們學得很好的！老師，加油！」

Part VII
教師發展篇

————————

教師發展工作最重要的，
就在於把感動帶給老師，
讓老師能以身為教師感到光榮、驕傲、快樂。
讓他發自內心的想當一位好老師，
而不是「被迫」做出被要求的好老師表象。

34
教師發展工作祕訣！

教師發展工作的祕訣，在於建立重視教學的文化，
讓老師發自內心的想當一位好老師！

　　十三年前，台大成立教學發展中心投入許多資源。目的就
是要把台大的教學提升為世界一流。中心的編制，在過去是亞
洲最大的教學發展中心。在中心剛成立的那幾年，教務長與教
發中心的主管們去世界各國，遍訪教學發展工作領先的世界名
校取經。這些名校的制度、文化，固然有其可取之處。然而這
些西方世界的名校制度，與華人世界的校園文化、教育理念，
仍有相當大的歧異，無法直接套用。為此，台大教發中心花了
很大的心血，發展出一整套很適合華人文化的教師發展工作項
目。整體台大的教學較之於中心成立前，有很大的進步，曾在
《泰晤士報》教學項目的評比進到世界六十名。在亞洲地區的
一流大學裡，名列前茅。也因為台大發展出了這一套適合華人

文化的教師發展工作項目，在過去幾年大陸各地名校常來台大交流取經，我也常被亞洲各地頂尖大學邀請前去演講、分享。台大也希望能夠幫助更多的夥伴學校，在教師發展工作能夠一起更精進。

　　究竟台大教師發展工作的祕訣是什麼呢？我想先從我個人跟台大教發中心的淵源講起。時光匆匆，從 2010 年起我在台大教發中心擔任副主任，到 2016 年離職，一轉眼我就在教發中心工作了六年。如果當初沒有來教發中心接下行政工作，我人生的窗不會這樣一扇又一扇的被打開，也就不會有機會認識這麼多的熱血夥伴、造成這麼多的改變。在台大教發中心的工作，很深刻的改變了我的人生。

　　在 2010 年升等副教授之前，我只是一個努力備課，對研究進度充滿焦慮的年輕助理教授。那時候，我對教發中心並不熟悉。我只知道這是一個幫助台大老師跟助教，讓教學更進步的單位；我也知道他們經常舉辦跟教學有關的演講，對教發中心的了解也僅止於此。

　　自從 2005 年加入台大後，我對教學創新一直很有興趣，也做了不少嘗試。比如說在 2005 年首次嘗試將業界專案管理

的方法，重新設計適合學生的版本，轉化成學校的實作課程。又比如說研發了三年，在 2010 年終於推出了教學生簡報與表達能力的全新課程。在嘗試這些教學創新的過程中，我常看到教發中心會舉辦課題很有意思的教學演講，便常報名參加。

引進新法，教學得以新突破

在這些演講中，我每每學到很棒的新教學方法。比如說，我在阮枝賢教授的演講中，看到了可以怎麼利用社群網路在教學上，讓學生們對課程有更緊密的連結。聽了演講後那學期，我馬上運用方法引進到我的「簡報製作與表達」課程，得到很棒的效果！又比如說，我從郭瑞祥老師的演講中，聽到郭老師讓學生固定座位，還有讓學生寫自傳等方法，以增加老師對學生的熟悉度。我也馬上在下個學期，將這些方法用在「機率與統計」課程上。另外在李忠謀老師的演講中，聽到他在師大的程式課程中怎麼做翻轉教學，也讓我驚豔不已。我在那之後便開始研發設計適合一般課程的「BTS 翻轉教學法」，並將其用於我的「機率與統計」課程中。

我必須說，在我的教學生涯中，教發中心所辦的演講，對我真的造成很大的影響。我每次都從演講中看到以前沒想過的

教學方法，將其引進自己的課程後，再做更多的教學創新。每次看到自己的教學能因此而有更高層次的新突破，看到學生們確實得到更好的學習效果，我的內心總是不住的激動。慢慢的，我對教發中心的印象愈來愈深刻了。那時候覺得台大真難得，居然會有一群如此熱血的職員同仁們，願意傾注心力幫助老師教得更好。

在參加幾次演講後，我也被邀請擔任講者。我記得第一次被邀請分享就是，怎麼將專案管理的方法引進到課程中，讓學生能快快樂樂的做好專題，演講地點在台大總圖。當時擔任教發中心副主任、教師發展組組長的陳毓文老師，在我演講結束後陪著我邊走邊聊，從總圖走到電機系館。路途中，她快言快語，突然單刀直入的問我：「葉老師，你有沒有興趣來教發中心服務呢？」她希望我能考慮接下她的工作。

說真的，我那時候完全沒有心理準備。她這麼一問，我還真的不知道怎麼答。在台大，每位老師的研究壓力都很大。在還沒升等到頂前，去系外單位擔任行政工作，一直是我們年輕老師不敢輕易嘗試的。長輩們常建議年輕老師等升等的路走完後，再去做行政工作。所以年輕老師心裡面很大的焦慮是：行政工作會不會排擠到我的研究時間？研究的產出會不會受影

響？教學的工作會不會受影響？

　　雖然心中非常焦慮，但另一方面，我又覺得幫台大的老師跟助教們提升教學，是一件非常重要的使命。如果台灣的一流學府只重視研究而不重視教學，這對台灣社會而言，會有很負面的影響。因此，這工作必須要有人來做。過去教發中心的前輩們做了，我覺得我沒有說不的權利！

接任重擔，體驗文化感染力

　　於是我跟毓文老師說，我願意接下教師發展組的工作。後來曾在某個場合，毓文老師跟我說，其實當時她完全沒料到我會真的接受邀約，因為她知道電機領域的研究壓力很大。我接下這工作，著實讓她感到很意外。但我對於有機會參與教發中心的工作，內心既興奮，又緊張。因為這是我第一次接行政工作。對於怎麼做好一個主管，我實在沒有把握。

　　但接手後，我發現自己何其有幸，能跟一群非常優秀的組員一起工作。在我接手組長的工作後的一個月後，便是台大教發中心每年的重頭戲：在溪頭舉辦三天的「台大新進教師研習營」。這也是我第一次參加在溪頭所舉辦的「新師營」。在那

三天，我深深的被教發中心震撼了。整個活動對於新任老師的照顧無微不至，對於活動的進行力求一切完美。三天活動下來，不但讓新任老師們得到滿滿的感動，也讓大家對於未來的教學生涯，有著更高的眼界。老師們對活動的滿意度分數，平均竟然是 4.8 ！（滿分 5 分）

這樣的行政團隊，我在台大從來沒有碰過，我從中得到很多啟發。我觀察到，當一個組織建立了好的文化時，之後進來的人也會被這文化感染。當時擔任教發中心主任的莊榮輝老師，從中心草創開始，就一手建立了台大教發中心凡事追求完美，永遠盡心幫助教師的文化。在這樣的文化下做事，是辛苦的，但也是很有成就感的。因為在這中心裡的人，都是真的想把事情做好的人！人生第一次當行政主管，就能夠跟這樣的同仁共事，我實在很有福！

沒接教發中心工作前，我的日常生活就是在辦公室備課，跟學生 meeting，中午跟同事去學校附近吃午餐，回來再繼續備課、上課、研究。這樣的日子過得很單純，卻也是一成不變。自從接手教發中心教師發展組的工作後，我開始要接觸校內校外各個不同領域的老師。這才讓我眼界大開！原來台灣有這麼多這麼精采的老師們！透過業務跟他們的交流中，我得到

很大的啟發，讓自己變成不再是只有工程思維的人。

除了認識許多精采的老師，跟登上教學演講的舞台外，最讓我開心的莫過於在教師發展組的工作中，可以做許多制度的創新。在我教師發展組的任內，我們做了好幾樣創新。其中最讓我感動的，是舉辦「台大教師感恩週」的活動。其實我在教師發展組任內所創辦的幾樣活動，宗旨都是一樣的。我希望能把「感動」帶給老師，讓老師有更大的熱情來投入教學工作。我非常感謝當時前後任的教發中心主任，他們完全支持我的理念，讓我們有空間能催生這樣有意義的活動，真的超級有成就感的！

回想那一段在台大教發中心的日子，我深深的體認到教師發展工作的關鍵。在第一屆兩岸四地教學發展年會上，我在專題演說「教師發展工作的祕訣」中，跟大陸所有學校教學發展中心的主管分享了這個祕訣——我一直認為，要做好老師這個工作，是需要用「心」來帶孩子的。如果不能真正改變老師的內心，讓他對這個工作引以為榮、為傲、為樂，我們如何能指望這老師會真正好好用心教我們的孩子呢？所以教師發展工作最重要的，就在於把感動帶給老師，讓老師能以身為教師感到光榮、驕傲、快樂。讓他發自內心的想當一位好老師，而不是

「被迫」做出被要求的好老師表象。

　　更重要的是，學校必須要建立起文化，讓老師從踏進校門成為學校的一分子開始，便會自發性的想把書教好，不會因為研究或其他工作而打折扣。這樣的教師文化，非常不容易建立。尤其是在講求速成、有成果的現代環境，常常教師發展工作會以強迫的方式去要求老師，而非以感動的方式讓老師自發的想改變。在這種情況下要形成老師為教學自動自發的文化，會很困難。

　　台大當初成立教發中心時，即決定要以十年的時間，建立老師願意在教學上努力的校園文化。十年看似很久？但其實若能以十年時間，透徹扎實改變一個學校的教學，這已是非常快了。究竟台大教師發展工作，是如何用十年完成這樣的使命？而這當中成功的祕訣到底是什麼？

　　我認為教師發展工作成功的祕訣有三：從心開始！從新出發！由下而上！

　　接下來的篇章，我將會針對這三個面向，跟大家做深度的探討。

35
祕訣 1：從「心」開始！

要讓老師願意教得好，要從心開始。
唯有老師真心從教學中得到感動，
以這工作為榮、為傲、為樂，他才會真正成為一位好老師！

　　老師的工作有各式各樣壓力，有教學、有行政，甚至在大學還有研究工作、產學合作等。當老師有這麼多面向的責任時，老師是否願意在教學工作上投入更多心力改變，坦白說真的是要老師自己的內心願意才有可能。由上而下的強制要求，頂多只會讓老師在教學形式上做出改變好應付上級的規定，但無法讓老師真心的為學生在教學的實質面上努力突破。因此教師發展工作最重要的，就在於是否能做到讓老師們的心感受到對「教學」的感動。

　　要怎麼樣才能做到讓老師們的心被感動呢？我覺得關鍵就

在於「從心開始」。

曾經某次在我主持的教發中心教學工作坊的 Q&A 時，有一位台大老師訴說自己為課程做了許多的努力，花了很多的心力。可是最後並沒有感受到同學的肯定，甚至還有同學因為分數的事情而傷了老師的心。從他激動的表情，我看得出來他真是一位很用心的老師。當時我感同身受，可以充分理解那位老師內心的無奈與無力感。演講結束散場後，我急忙去找那位老師，跟他聊聊也希望幫他打打氣。

在我跟他講話的時候，有一位女學生走過來，一直在我們旁邊靜靜的聽我們講話，直到我們談話告一段落。這時候，女學生跟那位老師說：「老師，我只想告訴您，我曾經修過老師的課，我學到很多東西。幾年下來，我到現在還感受很深的是，老師曾經在課堂上讓我們看一張投影片，告訴我們以後不管人生怎樣，我們都要一直保持著笑容，勇敢去面對。老師，真的很謝謝你！」

我看著那位老師的神情，霎時間從原先的無奈、無力，轉變成充滿感動、感激的面容。我知道，這位老師又找到動力可以繼續拚下去為學生付出了！

小小的回饋，大大的感動

　　當老師，有時候真的不簡單。大多數人對於不滿的事會大聲表達，但感謝跟肯定，卻往往說得很小聲，甚至，說不出口。所以當老師們看到教學評鑑時，往往看到許多不滿的意見，而感謝與肯定較不常見。在付出心力之後常只看到不滿而沒看到肯定。長此以往，不少老師的心慢慢的倦了、累了，甚而傷了。身為一個老師，我深深的感受過，同學一個小小的回饋會帶給我們多大的感動。曾經，同學下課默默的主動上來幫忙擦黑板時，老師的心真是充滿了感動。下節課上起來也特別賣力、特別有勁！其實老師們需要的並不多，只要一點隻字片語，老師們就可以充滿熱情的繼續為同學拚下去。

　　曾經在幾年前，我看到電機系一位女學生，在上完系上許老師當學期的最後一堂課後，在臉書上寫下：「看到老師努力上課的身影，想到老師這整個學期的用心教學，真的非常感動，很感謝老師。」我看到的當下回文說：「許老師並沒有上臉書，何不把妳的感動寫信給老師知道呢？」這女孩回文說謝謝，並說她會寫信給老師。隔天，我看到女孩在臉書上寫著：「沒想到許老師這麼快就回信了，看著老師用心寫的回信，讀著讀著，眼眶又紅了。」我看了覺得特別窩心。老師跟學生能

夠互相傳達感激、感謝與感動，這是人世間多麼美的事！

　　因為這幾個事件的啟發，我一直希望能辦一個活動，讓同學有機會透過文字將不曾說出口的感謝，傳達給那些他們很感謝的老師們。最後我們成功的在台大籌辦了全校性的ThanksTeaching 活動（T.T Action）。我們盡可能在學校的各處設攤，讓同學能夠很方便的在很可愛、很精緻的卡片上，把不曾說、不好意思說的感謝，寫出來。我們幫同學把卡片即時送達想感謝的老師手上。讓這些為同學們付出過、卻不曾知道有被人感謝過的老師，能夠知道自己的付出曾經對某個人是有意義的！我相信老師在未來的教學，一定會更加的用心、更加的熱情！

　　活動期間，我們的工讀同學跟同仁們都忙得人仰馬翻，每天加班到晚上十點整理這些卡片。這樣的活動，每年竟吸引了台大同學書寫近 5000 張卡片給老師，每年有超過 1500 位老師收到卡片。台大同學的熱情超乎我們的想像！

　　曾有在教學遇到瓶頸而想放棄教職的老師，因為收到了學生們的卡片，才又燃起了對教學工作的熱情而沒放棄。許多收到卡片的老師，在我們的臉書專頁上把他們的感動，化成文字

回饋給同學們。而學生們看到老師真心感動的回饋，發現自己卡片能如此感動老師，對老師的溫暖感恩之情就更再次的提升而形成一個正向循環。我們希望能透過這樣的機制來形成一個教學的正向循環，讓老師們有動力持續進步，讓老師對教書更有熱情。這是在教發中心工作期間，我每年最快樂的事！

一枚鋼戒，更高的歸屬感

除了教師感恩週外，我們也開辦了台大傑出教師餐會。台大每年有一％的老師能得到台大傑出教師的殊榮。往年就是學校頒獎完後就結束。但我們希望能讓傑出教師們有機會認識彼此，讓台大熱愛教學的老師們有機會遇到知音夥伴，分享彼此對教學的獨到創新。於是，我們開始籌辦餐會，讓老師們在餐會中可以一個個上台，跟大家分享自己一路走來在教學上努力的心路歷程。每年校長都在下面認真的聽著每位得獎老師們的努力。

為了這個餐會，我跟同仁也設計了一只專屬台大傑出教師的紀念戒，讓校長一一送給這群傑出教師們。這紀念戒是枚鋼戒，並不昂貴，但上面刻著六個篆文古字：「傳道、授業、解惑」。這枚紀念戒其實是一種象徵，象徵著這些教學傑出老師

無時無刻對學生的付出、無時無刻把身為教師的這三個責任放在心上。我們希望得到這枚紀念戒的傑出教師們,能夠對教學這份工作有更高的歸屬感、認同感。每天看到手上這枚戒指時,就記得學校對他們在教學上努力付出的深深感謝。在開辦這活動後,我們常聽到參加的傑出教師說,這是他們頭一次感受到因為自己的好教學,竟會被校長、學校如此誠心的尊重!這件事,讓他們更有動力為這個學校,在教學上更投入、更精進。

還記得幾年前在第一屆兩岸四地教學發展年會上發表「教師發展工作的祕訣」時,我跟所有學校教學發展中心的主管分享:「台大教發中心的宗旨,就在於把感動帶給老師,讓老師能為教師這個工作感到光榮、驕傲、快樂。」我把三年前「教師感恩週」的活動照片給這些主管們看:學生設計的卡片、學生寫的話語、每年台大學生寫給老師 5000 張卡片裝箱的照片等。在場好幾位老師,聽完我演講都落淚了。演講結束後,許多學校主管們紛紛圍著我,告訴我:「你們做得真棒!真值得我們學習!」

台大教發中心之所以成功,就是我們一直努力把感動帶給老師,讓老師們重新感受到做為一個老師的喜樂。台大在過去

十年得以提升教學、躋身亞洲一流，最重要關鍵就在於「感動」。衷心盼望，這樣的感動，未來也能讓其他學校的老師感受到！

36
祕訣 2：從「新」出發！

要改變一個學校的文化，須從新老師開始。
以十年時間耕耘，便能改變學校的文化。

前文我們提到，要改變一個學校的教學，最重要的是建立
重視教學的新文化。但問題是，對於一個已有既定文化的學
校，新文化該如何建立？

在十三年前台大成立教學發展中心時，面臨著同樣的問
題。整個台大有兩千多位教授，如何改變過往普遍重研究、輕
教學的思維，讓大家更重視教學？這是一個很大的挑戰。畢竟
要改變一個教學多年教授的思維，這並不是很容易，遑論要改
變整個學校的文化？

在當時，中心擬定的方針策略是：從「新」出發。我們從

新的老師開始來改變他們對教學的思維。台大每年有七、八十位老師退休，也因此有七、八十位新老師加入台大。如果我們能夠做到讓每年的這七、八十位新老師都開始重視教學。十年下來，整個學校便有七、八百位老師對教學有不一樣的思維。這已經超過學校老師總人數的三分之一！一旦全校有超過三分之一的老師願意在教學上投入做改變，整個學校的教學文化便會開始產生質變。如果用十年就能夠改變一個學校的教學文化，其實是非常快的！

當時台大教發中心訂下這樣的方針，我認為非常的不簡單，這也顯示了當年主事者的胸襟。因為這樣的方針要能成功，是要用十年的時間。十年後主事者早已換成他人，而當年的主事者必得有「成功不必在我」的胸襟，這是讓我由衷感到佩服的。一般而言，新主管上任，都會希望在短期一、兩年內就看到成果，也因此會出現看短不看長的規劃。但要建立學校的教學文化，卻需要時間點點滴滴的累積。如果不能以十年的時間來規劃，到最後很多炒短線的作為只會有煙花式的效果，無法真正變成學校的文化。這是在做教師發展工作必須要有的耐心跟決心。

「從新出發」，這樣的策略究竟該如何落實呢？

　　台大每年的七、八十位新進教師，都必須在開學前的那一週參加台大所規劃的新進教師研習營（新師營）。學校對此非常重視，新老師如果要請假，必須上簽呈到校長層級獲准允假才行。台大的新師營每年都在台大溪頭山上的實驗林場舉辦，象徵從台大的中心出發。在這與世隔離的地點，讓老師可以不受俗事的影響，進行三天的研習。

小鴨子效應，傳遞感動與熱情

　　由於新師營非常重要，是台大教發中心唯一具強制性的活動。但也因為具有強制性，在活動的設計上就更加挑戰。當新老師被要求來參加這類的活動，還要耗費三天，通常心裡都不會很好過。如果活動沒有設計得讓老師真心被感動、有收穫，反而會讓老師在結束後帶著負面的情緒回學校。因此這是很大的挑戰。我們必須設法確保讓新老師們帶著收穫回去，不能只是虛應故事而已。

　　所以每年要決定由哪些講者來對新老師演講，都是我們非常重要的工作。通常講者都是獲頒台大教學傑出獎或教學優良獎的得主。即使是對新老師分享如何做好研究的場次，我們邀請的也是得過傑出研究獎「且」拿過教學傑出獎的老師。我們

希望新老師能看到，即使是在台大這樣追求卓越研究的一流大學，很多傑出的前輩對教學還是念茲在茲、投入極大心力。特別是我們每年邀請的這些講者，都是台大自己的老師。當他們在台上跟老師們分享他們在教學上的努力、他們跟學生之間的點點滴滴、他們的挫折、他們的感動，我常看到新老師聽著聽著就眼眶紅了。這些對教學有熱忱的講者，把他們對教學的熱情，確實傳遞給了這些新老師。讓他們知道，原來是有人這樣子的在為學生付出！

這就是所謂的「小鴨子效應」。通常當小鴨子從蛋孵出來的時候，牠會把第一眼看到的動物當做媽媽去模仿。我們希望的是，當新老師加入台大時，他第一眼看到的是台大許多對教學都極有熱忱的前輩們。一旦新老師看到這些前輩是這樣的為了把學生教好而努力，他們也會因此而生出「有為者亦若是」的自我期許。每年新師營的演講，我都會開玩笑跟新老師說：「經過新師營的洗禮，如果回到系上有其他前輩跟你忠告，研究比較重要，教學不重要。請你回覆他：『燕雀焉知鴻鵠之志！』」台下的新老師都笑開了。我們希望透過新師營，在許多校內熱血老師的感動與啟發下，幫助新老師在回到系上前建立對教學的自我期許。

　　除了演講的安排外，新師營另一個很重要的工作，是幫新老師找到一起努力的夥伴。在這三天兩夜的活動中，五、六位老師同住一間房。在夜晚我們安排了活動讓新老師們可以開懷暢談，談未來、談工作、談研究。在三天的共同生活後，新老師們都結交了許多未來可以相互扶持的好朋友。新師營結束後，我們也提供老師經費讓他們成立自發性的社群，之後他們可以自己定期聚會、交流分享。過去這些年，我們看到他們因此而凝聚，在面對教學、研究的壓力時，因為有夥伴的支持而更能堅持下去。這樣的夥伴關係，對新老師能否走得更長遠，非常重要！

　　回想過去每年的新師營，每天的研習都從白天到晚上，搞得講者、工作人員都筋疲力竭，但看到許多新老師在這三天開始對教學有了衝勁，就覺得所有的辛苦都值得了！每年新師營結束做的滿意度調查，滿分 5 分而我們歷年收到老師給我們的平均分數是 4.8。新老師們確實從新師營中得到了收穫。想想看，這些老師在未來的三十年職涯，會教到多少年輕人？如果每一年的新老師們都能用心教好學生，這對未來社會的提升有多大的影響！

十年磨一劍，系統會改變

　　在我們推動了新師營十年後，我們看到台大這十年來許多老師在教學上認真的投入。四十歲以下的許多老師，對於學生的付出、跟學生的互動、還有對教學成效的執著，都投入很多的心力。整個學校的老師，開始有更多人對於教學更重視了。而且，不只是新老師！在我們舉辦新師營六、七年後，我們開始收到許多資深老師的要求。他們說為什麼只幫新老師精進，為什麼不也為資深老師辦類似的活動呢？原來資深老師看到了新進老師的改變，他們也想要改變了。於是我們也開始為資深老師舉辦教師精進營、e-professor 課程。沒想到報名非常踴躍，還記得我們舉辦 e-professor 課程，要以八週的時間教老師如何做翻轉教學，而且還有作業跟驗收。沒想到報名的台大老師居然超過 90 人！整個校園裡，許多老師們對教學的熱情，都被點燃了！

　　這樣的新師營模式，現在已經不只在台大。當我們要推動以素養為主的教學，要幫台灣中小學老師改變對教育的思維時，我們也必須要用這樣的模式，才有可能用十年來改變整體中小學老師的教育文化。於是我們開始試著推動改變！ 2017 年開始，透過公益平台基金會與彰師大的支持，目前台灣每年

近三千位考上公立學校正式教師職務的初任教師，改由民間來籌辦初任教師研習。我們對中小學老師做的方式跟台大模式相近，利用三天的時間，讓台灣最厲害、最感動人的熱血教師來激勵這些初任的老師們。而初任的教師在結束後，我們讓他們成立社群，持續攜手努力。我們所推動的初任教師培訓，是亞洲地區首見有系統的針對所有初任中小學教師，所推動的大規模培訓活動。中小學老師平均工作三十年退休。只要我們能持續做十年，整個教育將會因此而大大不同。

「從新出發」，是提升整體教學最快的方式。用十年時間，來建立新的教育文化，這時間值得！

37
祕訣 3：由下而上！

從老師的需求出發，以老師感動老師，
教育改革才能成功！

我們提到要在學校建立新的文化，必須讓老師真心想改變。而要讓教學者真心想改變，我一直認為關鍵在於「由下而上」。過去在台灣，我們常常看到教育改革的推動都是「由上而下」。通常是主管一聲令下，就要求所有的老師教學方法都要跟著變。但往往這樣的改革成效很差，老師們表面上看似有做，但其實很多時候只是應付而已。

其實類似的問題，不是只有台灣。在我訪問過的不同地方、學校，都有同樣的問題。只要是「由上而下」的強制性推動改革，由於具備強制性，所以往往都會有連帶的評鑑規定、

KPI[29]。老師必須交很多的成果報告、填很多的報表，以被確認是否真的有做「改革」。但往往光是應付這些附帶的評鑑，就耗掉老師很多時間。對於善於應付的老師，或許還好。但對於真正有教學熱忱的老師，他們對這樣的評鑑往往深惡痛絕。因為這些「由上而下」的評鑑，經常喧賓奪主變成學校管理的主體，反而讓老師可以投入教學創新的時間變少了。久而久之，連這些原本有教學熱忱的老師，他們的熱忱也都被耗磨殆盡。殊不見，現在每次教育主管單位要推動新的教育改革，老師們的心裡總是想著：「又來了，到底這次又要做什麼？」

在這樣的心理之下，由上而下的教育改革註定很難成功。誠如我們在前面提到的，老師如果沒有真心被感動想做改變，他的教學是不可能有所突破的。如果要讓老師真心被感動，我們必須拋開「由上而下」的改革思維，改成以老師為中心的「由下而上」的思維。唯有讓老師感動老師，一個帶動一個，教育的改革才有機會成功。

還記得我剛加入台大教發中心的時候，當時中心正在討論

29　關鍵績效指標（key performance indicators，簡稱 KPI），是現代許多企業運用考核員工表現的方法。

一個案子：對於教學評鑑結果不理想的老師，是否該強制要求他們做進一步的教學諮商？有強制的諮商，才能更快的讓需要被幫助的老師快速進步？

冷冰冰衙門 vs. 熱心好夥伴

然而當這案子送到教務處時，當時的蔣丙煌教務長力排眾議說不可！教務長認為教發中心這樣的單位，不應該讓老師覺得是一個冷冰冰的衙門，而應該要做到讓老師們覺得我們是個很溫暖、很熱心願意幫助老師的好夥伴，這樣才能達成我們原先想幫助老師提升教學的初衷。除了一開始的新師營規定新老師都要參加外，他認為不該再有任何強制性的規定。

這件事讓當時的我深受啟發。唯有從老師的需求出發，讓老師真正覺得我們在幫他們解決問題，教發中心的服務才能得到老師的共鳴。既然我們在談教學都說要「以學生為中心」，那要讓老師的教學想要改變，當然也得由下而上的「以老師為中心」才對，讓這樣的精神體現在台大的教師發展工作。

以前面提過，我們為資深老師設計的「教師精進營」為例。在籌辦的過程中，我們不是由上而下的去訂定講習課題。

相反的，我們是從老師的需求出發。我們先針對全校服務滿五年的老師做調查，詢問大家覺得最困擾、最需要幫助、最想要了解的課題是什麼？調查結果發現前三名是：時間管理、如何擔任導師、如何管理研究生團隊。於是我們針對這三個議題去邀請很厲害的老師擔任講者，分別在這些議題幫助老師們精進。當我們的研習企劃一公布，許多老師一看到就非常熱切的報名。研習過程中，老師們都抱持著極高的熱情，與講者熱切的互動。研習非常成功！

為什麼成功？正是因為我們從老師的需求出發去規劃。老師們當然會熱切的想參加、想從這些厲害的講者取經，幫助自己精進。這樣的原則非常重要。這也是為什麼許多由上而下指定內容的研習，很難讓老師有共鳴。「你沒有幫我解決我的問題，反而還幫我製造更多的問題跟負擔，我為什麼要配合？」

「由下而上」的精神也體現於我們對學校教學工作者的尊重。我們老師的教學傑出獎項、傑出助教獎項，都是以學生的意見、評比為主要依據。特別是我們每年的「傑出助教獎」，過往我們的頒獎人都是教務長和各級主管。但在我任內，我們把它改成由前一屆得獎的卓越助教來頒獎。我們希望讓助教們感受到，學校重視這些為學生深刻付出的助教獎得主；他們對

學校的貢獻，不比以往頒獎的長官少。在每年的頒獎典禮，我
們也會邀請傑出助教們擔任助教的課程教授們出席。在助教領
獎的同時，請他的課程教授上台獻花給助教、感謝助教過去一
學期對老師課程的幫助以及對學生的付出。我們也去訪談這些
助教的學生，錄下他們感謝助教的話語。我們希望讓助教們感
受到學生、教授，還有學校對他們的由衷的謝忱。每年我們的
頒獎典禮，都洋溢著滿滿的感動。

發自內心的尊重，從需求出發

另外一次的經驗，是幾年前台大教發中心幫大陸某知名大
學的教師團做兩週的培訓。其中有三天，他們跟著參加台大的
新進教師研習營。在結訓聚餐時，這些大陸老師跟我們說，這
一趟讓他們最震撼的，是我們校長在新師營演講時的一幕：

當時，校長演講已經超時十分鐘。擔任工讀生的台大學
生，在演講廳後方對著校長舉起「已超時」的牌子。校長抬頭
看到，馬上歉然的跟那工讀生鞠躬說：「啊對不起！我超過時
間了，真對不起！」

這一幕讓當時的大陸教授們很震撼，他們無法想像一個學

校的校長會對一個工讀生這樣的低頭說對不起。他們從來沒有看過這樣的場景。

「由下而上」對老師的尊重、對助教的尊重，從老師的需求出發去幫助老師，讓老師感動老師。這正是教師發展工作要成功最重要的關鍵。2014 年開始，許多老師在台灣一起推動翻轉教學、教學創新。許多人在台灣各地奔波，號召中小學老師們因應世界的變化，為孩子改變我們的教學。我們的訴求便是「由下而上」的教師自主改變。這四年來，台灣形成了一股老師自發的參加研習、讓教學精進的風潮。每每有教學研習，老師都非常熱切的報名參加。這樣大規模的教師自主精進教學的浪潮，在全世界都很少見。

為什麼？正是因為我們這次推動改革，從一開始便不願走「由上而下」看似快速的路。我們堅持要「由下而上」、「以老師感動老師」的方式來推動改變。雖然一開始進展不會像過去強制推動的改變那麼快，但每次的進展都是很扎實、都是每一位老師自願去做的。這樣的改革，才會是真正能生根、真正能留在老師心中的。這樣的改革，也才不會流於表面、流於應付、流於形式。

　　堅持「由下而上」，從老師的需求出發，給予老師改變教學所需的支持與關懷，讓老師感動老師。總有一日，教育的改革必然會開花結果！

Part VIII
親子教養篇

一路在「穩贏」的溫室保護下，
你叫孩子如何學會勇敢面對接下來出社會後，
一次次人生抉擇中「輸」的局面？
你叫他如何懂得在「輸」的時候仍能堅強面對、停損出場？

38
你為何不教孩子，什麼是快樂？

隨著社會的發展，下一代的努力動力已不是為了溫飽而已。
更根本的是為了快樂。
但爸媽是否有讓孩子知道，什麼才是值得追求的快樂？

在面對安逸跟努力兩種選擇時，人，到底為什麼要選擇努力？

前陣子開會與前輩聊天。他提到兒子有很多同學對未來相當茫然焦慮，然而會因此主動探索外面世界、找尋機會的，卻又少見。前輩覺得非常困惑。另一次會議，企業高層主管跟我聊到，他想幫同仁升職加薪，對方卻拒絕，原因是不想承擔更多責任。高層主管也感到非常困惑。

其實這樣的現象，在現今社會很常見。困惑的長輩們常以

「現在年輕人不願吃苦、沒韌性」來解釋。殊不知，這是倒果為因。在過去窮苦的年代，大家必須努力，才能得到溫飽。但在現代，溫飽並不難，除了溫飽之外，新世代的人需要別的努力理由。什麼是努力的理由？大家可能各有答案，但這些答案都會連結到共同的終極目標，就是「快樂」。人常常是因為渴求「快樂」，才會驅使自己付出更多的努力，去完成心目中的夢想。相反的，如果一個人完全不知道真正的快樂為何物時，他為何要努力？

在許多人的生命歷程中，從小就被訓練很在乎輸贏、很在乎結果。念書，是為了考試考高分，是為了下一個階段能考上有名的學校。工作，是為了進名門企業，是為了得到人人稱羨的薪水跟職銜。那些真正重要而珍貴的東西，卻漸漸的消失在我們眼中。一次次爭輸贏的過程中，我們愈來愈累，愈來愈苦。夜深人靜常問自己，只為輸贏的人生，究竟意義何在？

人海中，偶有看破這事而不願意再單純為輸贏而賣命的人。但很遺憾的，即使可以拋棄對輸贏的執著，卻也找不到方向。於是只能在人生路上載浮載沉，成為老闆口中的草莓、爸媽眼中的不成材。雖然自己也不希望陷於這樣子的狀態，也很急、也很想努力，但總是找不到方向突破。好像奮力出拳，卻

總像打在棉花一樣，徒勞無功。

過程中的成長，高層次的快樂

　　我們的社會，往往對於「結果」過度重視，卻忘了過程之中的「成長」才是最重要的。孩子考第一名，大人們很高興的稱讚孩子；孩子參加比賽拿牌，大人們很高興的稱讚孩子，我們很少只是因為他過程中的努力去稱讚他們。久而久之在這樣的價值體系下，孩子得到的訊息是：「要得名、拿牌，這世界才會覺得我很棒！」最後他們的動機，都是只是為了最後能贏人家，得到大人的讚美跟獎賞。

　　人生除了輸贏，還有很多更重要、更珍貴的東西；我們一直以為這些美好的東西不存在，其實它們一直就在身邊，只是我們有沒有看到。人生有不同層次的快樂。比較高層次的快樂：或是在很有熱情的事情上設定了目標，花很多努力去達成目標而覺得很快樂；或是花很多時間去鑽研自己很有興趣的事物，看到自己的進步很快樂；或是很努力去經營一段與他人的關係（友情、戀愛等），隨著關係變深厚，從中得到情感上的滿足而快樂。另外一種比較低層次的快樂，則是那種很快可以得到感官上的滿足的快樂，例如吃美食、出去玩樂。

那些「一步步從無到有，靠自己的力量做出想做的東西的成就感」、「找到夥伴可以互相、合作一起為共同目標努力的快樂」、「體會相互分享、幫助的美好人性」等等的東西，大人很少跟孩子們分享這些有多重要。因為，很多大人連自己都不曾知道它們的重要跟美好。就這樣，許多孩子被教成這樣的大人。所以我們的社會充斥著許多只要能贏、只要能賺錢、只要能成功，什麼爛事都幹得出來的混蛋。層出不窮的食安風暴、工程舞弊、老闆虐工，都是重視結果勝於過程的教養文化所衍生出來的。

更悲哀的是，我們是一個害怕「快樂」的社會，特別是那種需要投入時間心力追求的高層次的真正「快樂」。更悲哀的是，我們社會對於「快樂」這件事是反感的，孩子從小就被教育「吃苦」才是對的。

從小，爸媽就很怕孩子花時間在無關讀書的事情上。談戀愛、參與社團、交志同道合朋友、鑽研興趣，這些都太花時間了！會影響念書！統統不准做！考上大學之後再說！許多孩子就這樣一路被逼著「吃苦」念書長大。可憐的他們，從小到大除了低層次的感官快樂（因為比較不花時間）外，他們不知道什麼是真正的快樂。

　　從小你只教他要苦、害怕他追求快樂。結果，你把他養成一個不知道快樂為何物的人、一個找不到努力理由的人。從小被父母師長逼著一路苦上來，長大後只覺得好累、好累，只想要「休息」喘口氣。對他們來說，能夠不要再被逼著承擔更多責任、不要再那麼累，就已是他們心中的快樂了。

　　唯有爸媽師長願意從小就放手讓孩子追求、感受高層次的快樂，長大後，他才有機會願意付出更多努力，去追求人生中真正想要的人事物。

　　若是希望扭轉下一代被輸贏綁架的人生。當孩子拿第一名的時候，請忍住不要嘴笑眼笑；沒能得名的時候，請細細審視他的努力。請讚許他為了解決問題而不斷的努力自我突破；請讚許他為了幫助夥伴而不惜犧牲自己的成敗。請讓他知道曾經有種快樂，是真正的快樂，是值得他付出努力追求的快樂。

　　人生除了輸贏之外還有更多美好，我們跟孩子，一起細細品味！

39
不得不賭的世代

世界的變化太快，鐵飯碗思維很危險。
爸媽總想為孩子選最好的路。
但爸媽自己有掌握世界趨勢嗎？
如果對世界不了解，憑什麼還要主宰孩子命運？

　　我們的社會，一直對「賭」很反感。從小到大的教育，都告訴我們「賭」不是好事，把「賭」當做洪水猛獸。從小我們總是被教導：守成不易，不要隨便冒險、不要好高騖遠。我們被設定的指令，就是要好好求穩定、找穩賺的路子；不確定的路，不要隨便去闖、去試。

　　在過去的年代，這樣的思維或能真的幫助大家安穩度日。問題是，在未來，這真的好嗎？

其實每個人的人生，都會需要做無數次的抉擇。每次的抉擇，有可能在最後為我們帶來好處，但也有可能讓我們付出代價。舉例來說，大學選不同的科系、或工作上不同的選擇，都有可能對人生有不同的影響。從本質上來說，結果是隨機的，而且有失有得，這不就是一種「賭」嗎？

人生的一次次抉擇，其實是一場場賭局。

穩贏？怎累積「承擔風險」的經驗值

一個好的人生賭者，必須要有精準評估對風險的判斷力。精準的判斷力從何而來？一方面來自於相關資訊的充足蒐集，另一方面則來自於很多次的經驗累積。我們社會很多人在大學以前的人生決定，少有由自己主宰的，大多都是任憑家長擺布。結果，因為孩子不是自己做決定的人，他們自然就缺乏動力去學會在做決定前要收集充足資訊的重要。

這樣培養出來的孩子，會有能力評估風險嗎？

一個好的人生賭者，更重要的是懂得如何面對「輸」、懂得如何承擔風險、懂得何時該停損。但許多當爸媽的，都不願

意讓孩子去承擔可能的風險。都是大人告訴孩子未來會「穩贏」的決定，以至於孩子在過程中，根本沒有累積任何「承擔風險」的經驗值。到頭來一路在這樣「穩贏」的溫室保護下，到了大學、碩士畢業快二十五歲才出社會。孩子從小到大也沒有真的「賭」過，也自然不曾「輸」過。你叫他如何學會勇敢面對接下來出社會後，一次次人生抉擇中「輸」的局面？你叫他如何懂得在「輸」的時候仍能堅強面對、停損出場？

這樣培養出來的孩子，會有能力評估風險嗎？

於是，我們在社會上看到愈來愈多遇到人生挫折，就豁出去把整個人生賭上去的案例。或是自殺，或是殺害、傷害他人。讓人傷痛，也讓人不捨。

世界經濟合作暨發展組織（OECD）的報告指出，65%的現有工作在二十年後會消失。我們的孩子在未來都要面對一個非常劇烈改變的世界。很多的資訊、產業的生命週期都已經大幅降低，很多事物都一下子就退流行。當世界跟產業變化如此快，未來年輕人的人生會很不一樣。光是轉職次數，可能就爸媽那一代人的好幾倍。他們的人生，將會比爸媽有更多次的抉擇（賭）。

但我們很多當爸媽的，自己不敢賭，也不敢放手讓孩子們從小試著在人生大小事自己做決定賭賭看。即使孩子如父母所願一路念了名校，當他們長大面對變化劇烈的世界，卻沒有精準評估風險的判斷力，也沒有承擔風險的韌性與決定停損的智慧。這樣真的好嗎？

不教而放生，是虐，還是孽？

我想起好幾年前教過的一位學生，工作能力很強，在校外公司實習也表現非常優秀。加上個性溫暖踏實，對人充滿關懷，我對這孩子一直有很高的期待。畢業前他告訴我要考公務員。我問為什麼？他說因為爸媽覺得當公務員「比較有保障」、「比較穩定」，所以要他去考。我聽了很震驚。

鐵飯碗？在產業樓起樓塌的時代

如果爸媽是因為這孩子有經世之志，鼓勵他去當公務員很棒。但我沒辦法接受連這麼優秀的孩子，他爸媽竟然都對他毫無信心，只希望他找個鐵飯碗就好。過去這些年，多少人耗費了青春只為了考上爸媽心中的鐵飯碗。結果呢？前陣子新聞提到台灣的退撫基金可能會破產，公務員很可能拿不到退休金。

當初要孩子考公務員的爸媽們，不後悔嗎？

再回想十幾年前，許多台灣爸媽都希望孩子去當老師，因為「比較有保障」、「比較穩定」。最近新聞報導代課教師鐘點薪資很低，許多流浪教師連維生都成問題。

當初要孩子去當老師的爸媽們，不後悔嗎？

很多爸媽都是期待孩子找個鐵飯碗安穩度日就好，但這很荒謬。因為當今的世界，唯一不變的，就是世界一直在變的現實。在這連政府也會破產、公司都三、五年內樓起樓塌的時代，居然還期待孩子以後能有鐵飯碗？更可怕的是，我發現許多爸媽對於世界趨勢全然缺乏了解，但他們卻敢任意決定孩子的人生道路。舉例來說，我在好幾次演講提到 Kickstarter，卻發現95％以上的大人都沒聽過這麼重要的募資平台。

爸媽們，你知道現在有網站讓人把創作的好東西拍成介紹影片放上去，就能讓全世界一堆人搶著花錢預購，讓你成立公司賺大錢？

你知道現在有網站讓人跟世界其他人分享住家，居然也可

以賺很多錢？

你知道現在光靠自己在網站打遊戲給人家看，居然可以一個月賺好幾十萬元？

你知道現在整天在臉書寫文章，如果寫得好引起迴響就有機會成為作家出書？

你知道現在光靠拍攝有趣短片放在網站上，就能一直有錢滾入？

你不知道的，你孩子可能都知道。如果當爸媽的，對現在的世界是什麼樣貌都沒你孩子了解，你怎麼還敢要求孩子一定要做什麼工作才「比較有保障」、「比較穩定」？你不覺得這是很不負責任的嗎？

誰甘願？被蹉跎的人生

不准孩子用網路，只把他們關在家裡、學校跟補習班，不讓他們花時間去了解這個快速變遷的世界。當爸媽的自己也懶得花時間去了解這瞬息萬變的世界，也不願意幫孩子找到他們

的才華跟天分所在。講到未來，只會強迫孩子去找爸媽自以為的鐵飯碗。

等到二十年後鐵飯碗都破了，孩子被蹉跎的人生要到哪兒尋？

去年曾有新聞報導在新疆某懸崖下發現 40 多頭摔死的羊。一開始人們百思不得其解，後來終於知道是因為羊群都有跟著領頭羊走的習慣。即使帶頭的走錯路摔下懸崖，大家還是一隻接一隻的跟著跳下去。因為像羊這種懦弱的動物，只要大家一起走就安心了。反正大不了大家一起死，也甘願。

問題是，就算你甘願，二十年後受苦的你的孩子甘願嗎？

當爸媽的，如果你沒時間去了解現在這變化萬千的世界，就請不要隨意告訴你孩子二十年後的人生該怎麼過。請把未來人生的可能保留給孩子，讓他們探索出真正最適合自己的人生道路！

因為他們將是一群不得不賭的世代！

40
我的成功，我決定！

華人社會對於成功的價值太單一，
給了孩子許多不可承受的焦慮與絕望。
爸媽應該幫助孩子，讓他們找到屬於自己的成功定義，
讓他們主宰自己的人生！

　　日前一則學生因無法如期畢業去公司上班而自殺的新聞，讓我想起了十三年前的往事。

　　那是我留學的第五年，台大電機系正在徵人。同學鼓勵我應徵申請，結果出乎意料的，我得到了工作機會。但我被告知，這是教育部當年矽導計畫給大學的缺。跟我接洽的師長特別叮嚀，若我接受就一定得在七月底前報到。千萬別開天窗，害台大繳回這缺給教育部，到時資深教授恐怕很難接受。他問我：要回台大嗎？

　　我從小就把大學教書當夢想，能回母校工作高興都來不及。我問指導教授能否在七月前口試？他同意了！我便回覆會在七月底前報到。

　　但我萬萬沒想到，在邀請博士班口試委員時，如此不順！許多教授都認為半年內就口試實在太趕。沒人願意當我的口試委員。如果找不齊口試委員，給台大的承諾就會跳票！還記得整整半個月，我天天遊魂似的到處問教授是否願意當口試委員。到最後就差那麼一位，半個月來怎麼問都沒人願意。

　　我每天想到若無法畢業、承諾跳票、得罪許多領域大老；這樣我以後還能回台灣教書嗎？教書是我一直以來的想望，若因此一輩子都無法在台灣教書怎麼辦？

　　每分每秒都在想：「要跳票了！要得罪很多老師了！怎麼辦？」畢業跳票以致未來在台灣的前途全斷掉的焦慮，不斷在腦中愈堆愈高。每天晚上躺在妻兒身邊，看著黑暗的天花板，心臟因為焦慮、恐懼而跳好快，像要從口跳出來了！腦子裡滿是「完蛋了」的念頭，翻來覆去，輾轉難眠。就這樣，失眠了十幾天。

　　直到有一天，系上的副主任因為我幫系上教課的緣故，答應當我的口試委員。那天晚上，是我長久以來第一次得以入安心眠。

　　現在回頭看當年那個極端焦慮的自己，真的是單純到了幼稚的地步。人生又不是只有回台大教書這條路，有什麼好擔心的？

絕望不安，因對未來單一的想像

　　然而，回想當年的我，從小到念博士畢業之前，跟社會的接觸少之又少。對自己的未來，只有非常單一的想像。當那條自以為人生的唯一一條「好路」可能不通、甚至一輩子都斷掉的時候；那種恐懼跟壓力，對不知世事的我而言，極端恐怖、幾乎要把我壓垮了。

　　我們社會把許多年輕人圈養著，直到二十四、五歲才讓他們出社會。出社會前就是念書、念書、念書。對於自己生命可以有什麼不同，完全沒機會探索。對自己生命的未來，也常因此而只有非常單一的想像。

　　一旦那條僅知的、我們以為人生唯一的一條「好路」要斷了、而且可能會因此而永遠都斷了，那時的焦慮與絕望，是非常非常可怕的。

　　在華人社會真正過得快樂的人，相對少。原因在於我們社會對「成功」的定義太單一了！很多人總是追求著虛有其表且非常狹隘的「成功」，隨處可見同儕間的惡性競爭、家長的炫耀比拚，不但讓大家很辛苦，更造成人性的扭曲。結果是，這個社會每個人都過勞，有憂鬱傾向的人愈來愈多。長大後，真正快樂的人，少之又少。

　　許多人認為，孩子的未來就是要念名校，畢業後收入優渥、工作穩定，這才叫做成功。如果上班的公司名字響亮，可以跟親朋好友誇耀的話，那更棒！我們許多人從小就被這樣的「成功」價值觀制約，至於我們的天賦是什麼？「不重要，你好好讀書就對了。」我們的興趣是什麼？「不重要，你好好讀書就對了。」就遵循著如此單一的「成功」價值觀，庸庸碌碌、汲汲營營的過日子。

　　這樣的日子快樂嗎？當然不快樂。更別提這麼多人中，真能飛上枝頭當鳳凰的，有幾人？飛上枝頭的人，固然是比較有

能力的，但捨棄了探索自己的天賦跟志趣，一輩子都走在世俗設定的完美道路上。若沒找到人生的意義，充其量也只是在過著物質不匱乏的日子，離真正快樂的人生還有很遙遠的距離。

真正快樂，定義自己的成功

所以無論是否能飛上枝頭當鳳凰，真正擁有快樂人生的人，幾希。更悲慘的是，許多人為人父母後，繼續用同樣狹隘的「成功」價值觀，去壓迫孩子。這些爸媽嘴上說著：「這一切，都是為你好啊！」虎毒尚不食子，怎麼人類更可怕？特別是華人社會，一代折磨著一代，傷痛與屈辱不斷的出現。簡直是無間地獄！

我們最愛的孩子，乃至於我們自己，都不該過這樣的人生。我們應該反思，為何自己心中的「成功」，要交由世俗定義？為何要被世俗標準牽著鼻子走？為何不能為自己心中的「成功」設立標準？

如果，我們希望自己、或是下一代能有真正的快樂，就必須打破過於單一的成功定義，讓更多人知道：「每個人，都可以定義自己的成功！」在我 2017 所出版的書《我的成功，我

決定！》，收錄了 22 個人生故事，每位主人翁都有自己想實踐的理想。他們的夢想雖然各有不同；但相同的是，他們都是順著自己的心去追尋自己的人生方向，不盲從世俗膚淺的成功定義。

我衷心希望孩子、父母、老師、年輕人、各行各業的無名英雄們都能看到：書讀得好不好沒關係，只要不斷挑戰自我，或是找到一個興趣不斷鑽研，或是能找到幫助別人的方法，你我都有機會創造出自己的「成功」，且擁有一個心靈富足的人生。你將有機會得到真正的快樂。

希望未來有更多的孩子，可以更早探索世界，知道自己的人生有許多可能。或許，那種過度追求單一成功價值的焦慮與絕望，就不會在心底變成如此龐然可怕的巨物了！

期待有一天，你我都能大聲喊出：「我的成功，我決定！」

41
一個老爸的想望

許多爸媽，常常擔心自己孩子是否會輸給別人。
但爸媽是否有想過，當孩子長大，
你希望他成為什麼樣的「人」呢？

我有一個想望。

我希望我的孩子在二十歲時，還能保有對這世界的好奇心。希望他別像他老爸在十三歲後，便讓沉重課業把好奇心磨到無影無蹤。希望他在遇到新事物時，內心最先浮現的總是一股想弄懂它的興奮之情，並且有自信、有能力靠自己找到學習資源學會它。希望他能打從心底享受探究新知的過程，把學習當做是快樂的事而非沉重負擔。

我有一個想望。

　　我希望我的孩子在二十歲時，能有顆敏感的心，讓他能夠感受到別人的問題需求。希望他會樂於發揮自己的天賦才華，去想出方法幫助別人解決問題。希望他能具備同理心與換位思考，不會只活在自己的世界卻對他人痛苦完全無感。希望他會從幫助別人的過程中，確切感受到成就他人的快樂，並從中找到生而為人的真正意義。希望他能與同具助人理念的人們成為朋友，一起努力讓社會更好。

　　我有一個想望。

　　我希望我的孩子在二十歲時，做任何事情都能從容不迫，把一件事情從頭到尾做到好。希望他能累積許多的做事經驗，幫自己建立全方位的縝密思考，並能在擘畫過程中預想到所有潛在問題點及對應的策略。希望他在做事時，能有自信靠自己把事情做好，而不會總想倚賴他人。希望他與別人合作時，會發自內心無私的幫助夥伴，共同成就團隊的成功。

　　我有一個想望。

　　我希望我的孩子在二十歲時，能具備獨立思考的能力。希望他對任何事物，都能在客觀的觀察後，形成自己的觀點與論

述。希望他會珍視自己的觀點而不會總是受別人影響、仰賴他人告訴他結論。希望他在形成自己的觀點同時，不會被自負蒙蔽，並能客觀的看待別人相異的觀點。希望他能把自己論述清楚傳達給別人，無論面對什麼背景的人都能清楚的讓大家理解，甚而認同他的觀點。

我有一個想望。

我希望我的孩子在二十歲時，能在學業或工作上找到自己的天賦與興趣所在，並願投注所有熱情將其玩得精采。希望他在天賦與興趣的探索能充滿無限玩心，在一成不變的事物裡，時時尋求突破創新的契機並樂在其中。希望他在失敗挫折時，仍能保有最初的玩心。希望他的人生不會為了得到別人肯定而努力，而是為了自己熱情拚命。希望他的師長，會關心以上種種能力更甚於能否考上名校。

做為父親，我完全不在乎孩子能否讀什麼名校，只求以上想望都能成真：在二十歲時仍對世界充滿好奇心而不斷自學、對人具備同理心而利他、做事都能從頭到尾做到好、遇事都能形成論述並清楚表達、面對工作充滿玩心。那，我就可以放心了！

　　至於你會念什麼大學？老爸根本不在乎。因為老爸真心相信，當這一切想望成真時，你的人生必然富饒、必然精采！

結語

人生最該追求的一張標籤

　　我們許多人，包括我自己，從小就迷失在追求各式各樣的標籤中：我小學的時候，拚的是「全班第一」；中學時，拚的是「建中」、「資優班」、「數學競試」；大學時，拚的則是「系學會會長」、「書卷獎」；到了碩士，拚的是「留學名校」；工作後，拚的就是「某校教授」。在三十五歲前，我的人生似乎就是不斷的追求標籤。只有眺望標籤，才能讓我生起動機去拚；只有得到標籤，才能讓我感到安心。

　　悲哀啊，這是一個被標籤桎梏的人生。在追求標籤的過程，是辛苦的。但在自己心中總是有種感覺，彷彿這些標籤都有神奇的力量，只要追求到了、貼到身上了，就可以搖身一變、法力無窮。「只要進了建中，以後就一帆風順了！」「只要進了台大，以後人生就一帆風順了！」「只要拿了名校學位，以後找工作就一帆風順了！」「只要能進大公司，以後職

涯就一帆風順了！」……

　　有嗎？聰明人一看上面的歷程就知道了。標籤，根本是自我催眠的最大騙局。靠標籤來標定自己價值的人，這輩子只會不斷的在為爭取下一張更大的標籤而汲營。你說：「我這樣一直追求標籤，也是有向上提升，也是有成長啊！而且還能得到眾人稱羨的眼神！」你說的沒錯。但重點是，這樣的人生你快樂嗎？

　　一個標籤，之所以熱門，就是因為眾人稱羨。可是為什麼你的價值要由別人來標定呢？為什麼你成功與否，得靠接收別人對你稱羨的眼神來自我肯定呢？為什麼你自己不能決定自己的價值是什麼？為什麼你不能靠自己判定自己的人生是否成功？因為你從來沒有好好想自己人生要怎麼過。

　　因為你從來沒有用心探索自己的天分在哪兒。因為你從來沒有深刻思索自己人生的意義。對很多人來說，想這些事情太累了！這些東西都是要好幾年不斷探索、思考、再探索、再思考、再調整。這好累啊！

　　更可怕的是，這是一個沒有標準答案的問題！天啊，從幼

稚園到大學，一直都被訓練什麼事情都有標準答案的人，一個
題目只要十分鐘還找不出標準答案的，就焦慮到不行。更何況
這是一個探索數年也不確定有沒有答案、答案對不對的問題？
太累了，甭想了！就投降吧！直接去追求庸庸眾生所仰望的標
籤不就好了？

拿到人人稱羨的標籤，卻只有茫然和空虛

　　只要能拿到人人稱羨的標籤，不就能在庸庸眾生之中鶴立
雞群？只是當拿到標籤後，才發現並沒有得到新的神奇法力，
反而是對下階段人生的茫然和空虛。於是，只好再繼續找尋下
一張標籤來追求。如此過程，不斷循環，直到有一天年紀大
了，氣力放盡、無力再追為止。簡直是無間地獄……

　　如此地獄，如何解脫？只能靠自己！不管身上貼了再多花
花綠綠的標籤，標籤下面的你，還是你。外人看不透你，但你
看得透自己。你有多少能耐、多少成長、多少進步，你都知
道，何必靠標籤來掩飾？

　　自己的價值，由自己探索，由自己決定，毋須假手他人。
這樣的路，或許一時間得不到肯定，甚至受到許多人的質疑、

說風涼話。但是唯有堅持下去，才有可能走出真正屬於自己的
人生道路。

　　人生是由我們做過的那些事所組成的，不是由我們蒐集到
的那堆標籤所組成的。讓我敬佩的那些前輩，他們之所以讓我
尊敬，都是因為他們的價值觀和他們努力投入的那些事，讓我
深深的感動。他們不需要任何標籤，因為他們的名字，便代表
了他們的價值。

　　很慶幸的，三十五歲後的我也已不再繼續標籤人生了。在
多年的探索之後，我找到了我的夢想、我的使命，和我的方
向。這樣的人生，非常充實，非常愉快。當每個人能找尋到人
生方向，活出自己的價值時，屬於我們的那張終極神祕標籤自
然會浮現：

　　人生最該追求的一張標籤，就是自己的名字。
　　You are what you are, your name speaks for yourself.

　　各位朋友，你想建立自己的品牌人生，還是繼續過著不斷
追貼標籤的代工人生呢？

　　讓我們成為彼此的後盾，一起加油！讓我們跟我們的下一代，能從此擺脫標籤人生，找到自己的真正價值！！

國家圖書館出版品預行編目（CIP）資料

為未來而教：葉丙成的 BTS 教育新思維 / 葉丙成作 . -- 第
二版 . -- 臺北市：親子天下 , 2018.04
344 面；14.8×21 公分 . -- （學習與教育；193）
ISBN 978-957-9095-51-8（平裝）

1. 教學法 2. 文集

521.407   107003572

學習與教育 193

為未來而教
—— 葉丙成的 BTS 教育新思維（全新增訂版）

作者	葉丙成	❖親子天下	
責任編輯	江美滿	出版者	親子天下股份有限公司
文字協力	游筱玲	地址	台北市 104 建國北路一段 96 號 4 樓
校對	黃文凌、魏秋綢	電話	（02）2509-2800
美術設計	黃育蘋	傳真	（02）2509-2462
封面攝影	鍾士為	網址	www.parenting.com.tw
行銷企劃	林靈姝	讀者服務專線	（02）2662-0332
			週一～週五：09:00～17:30
天下雜誌群創辦人	殷允芃	讀者服務傳真	（02）2662-6048
董事長兼執行長	何琦瑜	客服信箱	parenting@cw.com.tw
媒體暨產品事業群		法律顧問	台英國際商務法律事務所 · 羅明通律師
總經理	游玉雪	製版印刷	中原造像股份有限公司
副總經理	林彥傑	總經銷	大和圖書有限公司
總監	李佩芬		電話：（02）8990-2588
行銷總監	林育菁	出版日期	2018 年 4 月第二版第一次印行
版權主任	何晨瑋、黃微真		2024 年 9 月第二版第十二次印行
		定價	350 元
		書號	BKEE0193P
		ISBN	978-957-9095-51-8

❖訂購服務

親子天下 Shopping	shopping.parenting.com.tw
海外 · 大量訂購	parenting@cw.com.tw
書香花園	台北市建國北路二段 6 巷 11 號
	電話（02）2506-1635
劃撥帳號	50331356 親子天下股份有限公司

立即購買 >